JN260812

PREMIS
保存メタデータのためのデータ辞書
第2.0版

PREMIS編集委員会

栗山正光　訳

日本図書館協会

1.This is a Japanese translation of the original English paper "PREMIS Data Dictionary for Preservation Metadata version 2.0" by the PREMIS Editorial Committee.
2. The original paper is available online,
http://www.loc.gov/standards/premis/v2/premis-2-0.pdf.
3.This translation is published with the permission of the Library of Congress as Managing Agency for the PREMIS Maintenance Activity.

1. 本書はPREMIS編集委員会による英語版原書"PREMIS Data Dictionary for Preservation Metadata version 2.0"の日本語訳である。
2. 原書はオンラインで入手可能である。
http://www.loc.gov/standards/premis/v2/premis-2-0.pdf
3. 本訳書はPREMIS維持活動の統括機関である米国議会図書館の許諾を得て出版するものである。

PREMIS保存メタデータのためのデータ辞書 ： 第2.0版 ／ PREMIS編集委員会 ［編］ ； 栗山正光訳. － 東京 ： 日本図書館協会, 2010. － 219p ； 21cm. － PREMIS Data Dictionary of Preservation Metadata version 2.0の翻訳. － ISBN978-4-8204-0923-6

t1. プレミス ホゾン メタデータ ノ タメ ノ データ ジショ
a1. プレミス ヘンシュウ イインカイ （PREMIS Editorial Committee）
a2. クリヤマ, マサミツ s1. 電子資料 s2. 資料保存 ①014.7

目次

電子資料の長期保存とメタデータ ―訳者解説― ─── 5

謝辞 ─── 16

PREMIS ウェブ・サイトと電子メール ─── 18

序論 ─── 19

  背景　*19*

    最初の PREMIS データ辞書の策定 *21*／実装可能な，コア保存メタデータ *22*

  PREMIS データ・モデル　*24*

    オブジェクトについての補足 *27*／知的エンティティとオブジェクト *30*

    イベントについての補足 *32*／エージェントについての補足 *34*

    権利についての補足 *35*

  データ辞書の構造と利用に関する一般的な論点　*35*

    識別子 *36*／オブジェクト間の関係 *37*

    異なるタイプのエンティティ間の関係 *39*／1：1 の原則 *40*

  実装にあたっての留意事項　*41*

    PREMIS 準拠 *41*／データ・モデルの実装 *43*／メタデータの格納 *45*

    メタデータの値の付与 *46*／拡張性 *48*

    PREMIS における日時のフォーマット *50*

PREMIS データ辞書 第 2.0 版 ———— 51

データ辞書の視野の範囲　53

オブジェクト・エンティティ　56

エンティティのタイプ 56／エンティティの属性 56

エンティティの意味単位 56

イベント・エンティティ　134

エンティティの属性 134／エンティティの意味単位 134

エージェント・エンティティ　146

エンティティの属性 146／エンティティの意味単位 146

権利エンティティ　150

エンティティの属性 150／エンティティの意味単位 150

個別の論点 ———————————— 170

フォーマット情報 170／環境 173

オブジェクト特性と構成レベル：「玉ねぎ」モデル 177

不変性，完全性，真実性 179／デジタル署名 181／非コア・メタデータ 186

方法論 ———————————————— 193
用語集 ———————————————— 195
原注 ————————————————— 206
索引 ————————————————— 209

電子資料の長期保存とメタデータ
―訳者解説―

　本書は "PREMIS Data Dictionary for Preservation Metadata version 2.0"[1] の全訳である。PREMIS とは Preservation Metadata: Implementation Strategies の略語で，この『保存メタデータのためのデータ辞書』を作成した作業グループの名前である。保存メタデータとは，簡単に言えば，電子資料を長期にわたって保存するのに役立つ情報のことで，データ辞書とはデータベース中のデータ項目の名前や意味を登録・定義した辞書のことをいう情報処理関係の用語である。つまり本書は電子資料の長期保存に資する情報を集めたデータベースを構築するための辞書ということになる。

　ただし，特定のハードウェアやソフトウェアを想定したものではないし，実際の図書館システム等にそのまま利用できるものでもない。さまざまな電子資料保存機関がおのおの記録すべき保存メタデータを検討する際に参考となるよう，標準的と考えられる情報の種類や記録方法を体系化し，表形式でまとめたものである。

　本書の成立および改訂の経緯については序論に詳しいのでそちらに譲り，ここでは電子資料の長期保存をめぐるさまざまな取り組みについて，訳者なりの観点から概略を説明し，不十分ながら，このデータ辞書を理解するための予備知識を提供することとしたい。

電子資料の危うさ

　情報通信技術の発達により多くの資料が電子形態となり，コンピュータ・ネットワーク，特にインターネットを介して提供されるようになった。大学図書館や専門図書館では学術雑誌の電子版，いわゆる電子ジャーナルの提供が当然のこととなっているし，図書館や博物館が所蔵資料を電子化して公開

する試みも盛んに行われている。酸性紙問題や貴重資料の保存と公開の両立に関しても電子化が解決するという期待は大きい。今や電子資料は図書館サービスに不可欠といっても過言ではない。

飛躍的なアクセスおよび利便性向上の陰で，電子化された資料の脆弱さや不安定さについては，資料保存を使命とする図書館においてさえ，ともすれば忘れられがちである。しかし，電子資料の危うさについては，特に欧米において，1990年代半ばから盛んに指摘されている[2]。

まず，電子媒体自体の寿命の問題がある。磁気テープ，ハードディスク，CD，DVDなどといった媒体がどれほどの期間で劣化し，記録してあるビットが読めなくなるのか，現時点では正確な予測は困難だが，たとえばCD-ROMでは10～15年程度との見解もあり[3]，適切な管理状態であれば何百年も持つ紙やマイクロフィルムに比べて，かなり短いと考えられている。

しかし，それ以上に問題なのは，情報通信技術の急激な変化に伴い，保存されたファイルを元通り起動したり表示したりできる機器が，知らないうちに消えてしまう危険性が高いことである。データの入った媒体だけが残され，それを読み取るハードウェアあるいはソフトウェアがないといった事態が容易に起こり得る。たとえば，日本では1980年代，ワープロ専用機が隆盛を誇ったが，その後パソコンの普及とともに急速に姿を消してしまった。文書データは当時主流だった5.25インチのフロッピーディスク（FD）に保存されていたが，現在，これを読み書きできるFDドライブを見つけ出すのは困難である。さらに，仮にデータは移せたとしても，ワープロ専用機はそれぞれ独自のファイル・フォーマットを採用しており，それに対応したソフトウェアがないと編集はおろか表示さえもできない。

資料保存というと，温度や湿度に気を配り，日焼けや虫害を食い止めるような書庫の管理が思い浮かぶが，電子形態のデジタル・データを図書館資料として保管する場合，図書館は単に媒体の紛失や損傷がないようにするだけでは十分ではない。技術動向を見きわめ，場合によっては新しいシステムに移行するなどの措置をとらなくてはならない。

電子資料の長期保存とメタデータ ―訳者解説― 7

　上記のワープロ専用機の例で言えば，当時，フォーマット変換のソフトウェアを利用して，文書ファイルを新しい媒体に移し変える作業が行われたが，これも電子資料に特有の保存作業の一種だったと言える。ただし，これは普段仕事で使う文書などが対象で，たいていはその場限りの特殊な作業で終わっている。図書館のように資料を長期保存し，次世代に引き継ぐことを使命とするような機関では，継続的に保存作業を行い，常にデータへのアクセスを保証するようなシステムが必要とされよう。

保存メタデータと記述メタデータ

　電子資料の保存に関するさまざまな研究や議論がなされている中で，確実な長期保存を実現する上で大きな役割を果たすと考えられているのが保存（プレザベーション）メタデータである。保存対象の電子資料本体のビット列（データ）そのものが完全に保存されることは当然の前提として，そのデータを解釈し処理するための付加情報（メタデータ）をきちんと記録して後世に伝えることにより，技術変化に伴うハードウェアやソフトウェアの消失に備えようという考え方である。

　通常，メタデータというと，ダブリン・コア[4]に代表されるように，タイトル，作成者，主題といった，資料を発見，選択するための情報のことをいう場合が多いが，これらは記述（ディスクリプティブ）メタデータと呼ばれ，保存メタデータとは区別される。保存メタデータは資料の検索ではなく保存作業に必要とされる情報で，たとえば，ファイル・フォーマット，作成アプリケーション，ハードウェアやソフトウェアの環境，デジタル署名，他の資料との関係，などといったものである。

　本書中にも説明があるが，電子資料の保存についての議論では，記述メタデータは視野の外に置かれることが多い。その主な理由は，記述メタデータはすでに他で大いに議論されているということと，学問分野や主題領域によって必要とされる要素や用語の体系が異なるということである。対象資料の知的内容には立ち入らず，ビット列を元通り提示するのに必要な情報のみを

考えるのが保存メタデータの立場である。

ただ，訳者の私見だが，保存メタデータと記述メタデータの区別あるいは関係については，曖昧な部分が残されている。素朴に考えても，タイトルや作成者といった記述メタデータが資料保存にまったく無関係ということはあり得ないだろうし，逆に保存メタデータとされるもの（たとえばファイル・フォーマット）を資料検索の際の条件に加えることも，もちろん可能である。厳密な定義に基づいたものというより，便宜的な概念と考えておいた方がよさそうである。

実際の運用を考えた場合，資料保存機関は，メタデータの交換を考慮する必要はあるものの，基本的には自機関にとって必要な情報をメタデータとして記録すればよいのであって，それが記述メタデータなのか保存メタデータなのか，意識する必要はあまりないと思われる。

OAIS 参照モデル

保存メタデータの概念を明確に打ち出したものとして重要な文書がOAIS参照モデル "Reference Model for an Open Archival Information System（OAIS）" である。これはNASAをはじめ世界各国の宇宙開発機関で組織する宇宙データシステム諮問委員会（CCSDS）が策定したもので，ISO 14721：2003として国際標準規格に認定されている。宇宙に関するデータのみならず，情報一般の長期保存に関して，資料保存機関（アーカイブ）の責任や機能，保存戦略，さらにはアーカイブ間の連携にいたるまで幅広く論じた総合的な内容を持つ。その中で提起されているのが，保存対象となるデータを関連するメタデータと組み合わせた情報パッケージという概念である。

OAIS 参照モデルの情報パッケージは，内容情報と保存記述情報に分けられる。内容情報は保存対象のデータであるビット列（データ・オブジェクト）と，それを解釈・提示するための表現情報からなる。保存記述情報は，内容情報の由来を示す来歴，他の情報との関係を示す文脈，内容情報を同定するための参照，内容情報が変更されていないことを示す不変性の4種類だとさ

れる。ここで、データ・オブジェクト以外の表現情報と保存記述情報が保存メタデータである。記述メタデータは情報パッケージには含まれず、外側から情報パッケージを記述する。

　情報パッケージは処理の段階に応じて3種類ある。最初は情報生産者がアーカイブに提出する段階のもので提出用情報パッケージ（SIP）、次はアーカイブ中で保管する段階のもので保存用情報パッケージ（AIP）、最後が利用者に配布される段階のもので配布用情報パッケージ（DIP）とそれぞれ呼ばれる。一般に、SIPの段階では保存メタデータは不十分で、アーカイブの職員により必要な情報が補われてAIPが形成される。利用者にデータを配布する際には、不必要な保存メタデータを削除したDIPが作成される。

　この概念モデルは保存メタデータを考える上で一つの基準となり、以後の研究や議論でしばしば言及されている[5]。

保存メタデータ規定のさまざまな試み

　OAIS参照モデルの策定とほぼ同じ時期に、保存メタデータの要素を具体的に規定しようという試みもすでに行われている。先駆的な例として名高いのは英国のCEDARS（CURL Exemplars in Digital Archives）[6]である。このプロジェクトは、2000年、当時まだ規格案の段階だったOAIS参照モデルに基づいたメタデータ要素案を公表して広く意見を求めており、後の議論に大きな影響を与えた。他にもオーストラリア国立図書館（NLA）、ヨーロッパ国立寄託図書館ネットワーク（NEDLIB）、それにOCLC（Online Computer Library Center）などがそれぞれ独自の案を作成している。

　PREMISのスポンサー、OCLCとRLG（Research Libraries Group、後にOCLCに吸収された）も、すでに2000年3月、共同で保存メタデータに関する作業グループを発足させている。この作業グループは上記四つの先行プロジェクト（CEDARS, NLA, NEDLIB, OCLC）のメタデータ要素を比較・検討し、さらに作業グループ独自の要素も加え、当時としては保存メタデータの集大成とも言うべき報告書を2002年に発表した。これが本文中でも言及

されている『デジタル・オブジェクトの保存を支援するためのメタデータの枠組み』[7]である。しかし，これでも不十分ということで，直後に後継の作業グループを立ち上げ，実践面での検討をさらに加えることとなった。それが PREMIS である。

さらに，これらメタデータ要素を具体的に記録する方式についても標準化し，メタデータの交換を可能にしようという提案もなされており，中でも有力視されているのが METS（Metadata Encoding & Transmission Standard）である[8]。これはメタデータと電子資料を構成するファイルおよびその構造を XML 形式で記述する方法を定めたもので，PREMIS 同様，米国議会図書館が維持管理を行っている。

電子ジャーナル，オープン・アクセス，機関リポジトリ

17世紀以来，学術コミュニケーションの中心的役割を果たしてきた学術雑誌は，「シリアルズ・クライシス」という言葉を生むほどの価格高騰に見舞われ，多くの図書館で多数のタイトルが購入中止に追い込まれている。その一方で，学術雑誌の電子版すなわち電子ジャーナルの導入が急速に進むなど，学術情報流通体制は重大な岐路に立たされている。

電子ジャーナルのデータは，通常，出版社のサーバに置かれているため，基本的には出版社がその保存に責任を持つことになるが，出版社と契約を結んで過去の雑誌バックナンバーを電子形態で保存し，有料で提供するJSTOR[9]のような非営利組織によるサービスも出現している。また，印刷体雑誌では世界各地の図書館に同じものが保存されて資料消失のリスクを軽減していたわけだが，これと同じ発想で，電子ジャーナルの複製をなるべく多くの図書館で分散保存しようという LOCKSS[10]というプロジェクトもある。

他方，研究者が自らの論文をインターネット上で無料公開するオープン・アクセス運動が盛んになり，その公開の場の一つとして，機関リポジトリと呼ばれる一種の電子的アーカイブが，大学図書館を中心に，数多く設置されるようになっている。

物理学など一部の学問分野では，以前から学術雑誌掲載前の論文原稿すなわちプレプリントを研究者間で交換する習慣があり，それを電子化してインターネット上で無料で閲覧できるプレプリント・サーバ（アーカイブ）も1990年代前半から存在していた。こうしたプレプリント・サーバが主題分野別に存在するのに対して，機関リポジトリはその収録対象を自機関（大学）に所属する研究者の研究成果という限定の仕方をする。雑誌掲載論文と同一内容のものを無料公開するわけなのでもちろん著作権の問題があるのだが，世界の主要学術雑誌の9割以上が，条件つきではあるものの，著者がインターネット上で論文原稿を公開すること，いわゆるセルフ・アーカイビングを認めている[11]。

　こうした主題別あるいは機関別の，分散した多数のリポジトリが所蔵する資料を統合的に検索するための仕組みとして，OAI-PMH（Open Archives Initiative Protocol for Metadata Harvesting）[12]がある。名前が似ていてまぎらわしいが，OAIは先に述べたOAISとは別物である。OAI-PMHは汎用的なメタデータ交換のための通信規約だが，実際には，検索サービス提供者が各リポジトリに蓄積されたダブリン・コア準拠の記述メタデータを自動収集するという形で使われ，保存メタデータとのかかわりはあまりない。

　機関リポジトリはその機能の一つとしてコンテンツの長期保存をうたっているのだが，多くの機関では，現在のところ，保存以前に収録資料の充実が必要な状態であり，保存体制を積極的に整えているとは言いがたい。機関リポジトリに自分の論文を登録する研究者はまだ少なく，いかに研究者の理解を得るかが目下の最重要課題なのである。また，論文のファイル形式もPDFなどごく少数のポピュラーなフォーマットに限られており，保存のために特別な作業を行う必要性が実感しにくいということもあるだろう。

　オープン・アクセス運動の中心人物の一人ハーナッドは，「さしあたりOAISは忘れよう。OAIだけで十分」[13]という発言をしている。ただしこれは，保存を軽視しているわけではなく，初期段階での優先順位を言い表したものと考えられよう。実際，ハーナッドの所属するサウサンプトン大学では，英

国合同情報システム委員会 (JISC) の補助金を得て, PRESERV (およびその後継の PRESERV2)[14] というプロジェクトを行っている。このプロジェクトでは, サウサンプトン大学が作成し, 世界中で広く使われているアーカイブ・ソフトウェア EPrints をベースに, OAIS 参照モデル準拠のサービスやファイル・フォーマットの識別・検証ソフトを開発している。本書とは若干異なったアプローチだが, 欧米の機関リポジトリ関係者の間での, 長期保存問題に対する関心の高さを示すものとして注目に値する。

ウェブ・アーカイビング

ワールド・ワイド・ウェブ (WWW) は, 本来, インターネット上でデータをやり取りするアプリケーションの一つだったのだが, 1990 年代, 画像や音声も扱えるグラフィカルなブラウザ NCSA Mosaic の登場をきっかけに情報通信の世界を席巻した。今や WWW がインターネットだと思い込んでいる人も多い。無数のウェブ・サイトが開設され, ゴミの山という批判を受けながらも, 圧倒的な量の情報を日々生産している。膨大な量のウェブ・ページの中から必要な情報を探し出す検索エンジンの発達もあり, 情報資源としての価値はもはや疑いようがない。

しかし, 同時にこれは非常に不安定な情報資源であり, 以前アクセスしたページが消えてしまっているという事態が頻繁に起こる。要求したページが見つからないことを示す 404 というコード番号が有名になったほどである。もちろん消失して困らない情報も多いのだが, 中には後世に伝えるべき貴重な情報が含まれているものもあるし, この時代の社会・文化状況を伝える歴史的資料としての価値も考えられる。

ということで, ある時点, ある範囲のウェブ・ページを収集して保存する事業が行われている。これがウェブ・アーカイビングである。先駆的な例として, 米国で 1996 年に設立された非営利団体インターネット・アーカイブ (Internet Archive)[15] が有名である。他には, 各国の国立図書館がプロジェクトとして行っている。たとえばオーストラリア国立図書館の PANDORA[16],

スウェーデン国立図書館の Kulturarw3[17]、米国議会図書館の MINERVA[18] などで、日本の国立国会図書館も WARP[19] と名づけたプロジェクトを 2002 年に立ち上げ、2006 年には本格的に事業化している。

日本の現状

国立国会図書館では、2000 年からパッケージ系の電子資料を新たに納本対象とした。2002 年には関西館開館に伴い本格的に電子図書館プロジェクトを立ち上げ、上述の WARP プロジェクトも開始した。これに歩調を合わせ、2002 年から 2004 年にかけて、電子情報の長期的保存とアクセス手段の確保のための調査研究を行い、ウェブ・サイトでその概要を報告している[20]。さらに、2006 年から 5 か年計画で新たな調査研究を開始するとともに、これまで WARP、近代デジタルライブラリー、貴重書画像データベースなど別々に提供していた電子情報を統合し、その長期保存に本格的に取り組む NDL デジタルアーカイブシステムの開発に着手している[21]。このシステムのメタデータスキーマが公表されているが、これには本書で示されているメタデータが多く取り入れられている[22]。

国立情報学研究所（NII）では、GeNii（NII 学術コンテンツポータル）という総合的な学術情報提供サービスを行っており、この中には日本の学術論文情報（一部全文の閲覧が可能）、全国の大学図書館等の目録情報、科学研究費補助金採択課題・成果概要など多様なデータベースが収録されている[23]。NII はさらに、学術機関リポジトリ構築連携支援事業[24] というものを行っていて、日本の各大学図書館における機関リポジトリ構築に指導的役割を果たしている。また、科学技術振興機構（JST）では Journal@rchive と称する事業で、日本の学会誌のバックナンバーを電子化する作業を行っている[25]。しかしながら、これらの事業のウェブ・サイトには、残念ながら収載資料の長期保存体制についての説明は見当たらない。

以上のように、わが国では欧米に比べて電子資料の長期保存に関する研究や実践例が圧倒的に少なく[26]、特に保存メタデータに関しては、上述の国立

国会図書館の例を除いて，実際の取組みをほとんど聞くことがない。その一方で，電子図書館，デジタル・アーカイブ，機関リポジトリなど，名前はどうあれ，電子資料を収集・蓄積し，利用に供する組織は確実に増えている。デジタル・データ固有の危険性に配慮した，将来にわたってアクセスを保証するためのシステム作りがますます重要になってきているはずである。

　本訳書が電子資料の長期保存および保存メタデータへの関心を高めるきっかけになれば幸いである。

　最後になったが，大阪市立大学の北克一先生，日本図書館協会編集部の内池有里さんには大変お世話になった。記してお礼申し上げたい。

2009年11月

栗山　正光

注
1) http://www.loc.gov/standards/premis/v2/premis-2-0.pdf（確認：2009-11-06）
2) たとえば，Jeff Rothenberg "Ensuring the Longevity of Digital Documents" Scientific American, vol. 272, no. 1, pp. 42-47, 1995（1999年改訂版が http://www.clir.org/PUBS/archives/ensuring.pdf（確認：2009-11-06）で見られる）
3) 上田修一「電子情報の保存─その現状と課題」，国立国会図書館編『電子情報の保存：今われわれが考えるべきこと：第9回資料保存シンポジウム講演集』，日本図書館協会，1999，pp. 69-81
4) http://dublincore.org/（確認：2009-11-06）日本語の解説も多い。たとえば，ウィキペディア（http://ja.wikipedia.org/wiki/Dublin_Core（確認：2009-11-06））など。
5) 詳しくは，拙稿「OAIS参照モデルと保存メタデータ」（『情報の科学と技術』54(9)，2004, pp. 461-465）を参照していただきたい。
   http://ci.nii.ac.jp/naid/10016755509（確認：2009-11-06）
   なお，OAIS参照モデルは，2009年5月，改訂版草稿（Pink Book, Issue 1.1）が発表された。http://cwe.ccsds.org/moims/docs/MOIMS-DAI/Draft%20Documents/OAIS-candidate-V2-markup.pdf（確認：2009-11-06）
6) http://www.leeds.ac.uk/cedars/（確認：2009-11-07）
7) A Metadata Framework to Support the Preservation of Digital Objects（Dublin, Ohio：

OCLC Online Computer Library Center, 2002) http://www.oclc.org/research/projects/pmwg/pm_framework.pdf（確認：2009-11-07）

8) http://www.loc.gov/standards/mets/（確認：2009-11-21）
9) http://www.jstor.org/（確認：2009-11-07）
10) http://www.lockss.org/lockss/Home（確認：2009-11-07）
11) 詳しくは，拙稿「総論　学術情報リポジトリ」（『情報の科学と技術』55（10）（2005）pp. 413-420）を参照していただきたい。
http://ci.nii.ac.jp/naid/110002829889（確認：2009-11-07）
12) http://www.openarchives.org/OAI/openarchivesprotocol.html（確認：2009-11-08）
日本語訳は http://www.nii.ac.jp/irp/archive/translation/oai-pmh2.0/（確認：2009-11-08）
13) http://users.ecs.soton.ac.uk/harnad/Hypermail/Amsci/2649.html（確認：2009-11-08）
14) http://preserv.eprints.org/（確認：2009-11-08）
15) http://www.archive.org/index.php（確認：2009-11-08）
16) http://pandora.nla.gov.au/（確認：2009-11-08）
17) http://www.kb.se/english/find/internet/websites/（確認：2009-11-08）
18) http://www.loc.gov/minerva/（確認：2009-11-08）
19) http://warp.ndl.go.jp/（確認：2009-11-08）
20) http://www.ndl.go.jp/jp/aboutus/preservation_02.html（確認：2009-11-08）
21) http://www.ndl.go.jp/jp/aboutus/ndl-da.html（確認：2009-11-08）
22) http://www.ndl.go.jp/jp/standards/da/index.html（確認：2009-11-08）
23) http://ge.nii.ac.jp/genii/jsp/index.jsp（確認：2009-11-08）
24) http://www.nii.ac.jp/irp/（確認：2009-11-08）
25) http://www.journalarchive.jst.go.jp/japanese/top_ja.php（確認：2009-11-08）
26) 国立国会図書館以外の数少ない研究成果の一つとして，小川千代子『電子記録のアーカイビング』日外アソシエーツ，2003．がある。

謝辞

PREMIS 編集委員会委員
 Rebecca Guenther 米国議会図書館，委員長
 Steve Bordwell スコットランド総合登録局
 Olaf Brandt オランダ国立図書館
 Priscilla Caplan フロリダ図書館オートメーション・センター
 Gerard Clifton オーストラリア国立図書館
 Angela Dappert 大英図書館
 Markus Enders ゲッチンゲン州・大学図書館／大英図書館
 Brian Lavoie OCLC
 Bill Leonard カナダ図書館・公文書館
 Zhiwu Xie ロスアラモス国立研究所

次の方々は PREMIS 編集委員会の前委員として寄与された。
 Rory McLeod 大英図書館
 Yaniv Levi ExLibris

次の方々はデータ辞書第1版を策定した保存メタデータ：実装戦略（PREMIS）作業グループのオリジナルメンバーである。
 Priscilla Caplan フロリダ図書館オートメーション・センター，共同主査
 Rebecca Guenther 米国議会図書館，共同主査
 Robin Dale RLG 連絡担当
 Brian Lavoie OCLC 連絡担当
 George Barnum 米国政府印刷局
 Charles Blair シカゴ大学

謝辞　17

Olaf Brandt　ゲッチンゲン州・大学図書館
Mikki Carpenter　ニューヨーク近代美術館
Adam Farquhar　大英図書館
David Gewirtz　エール大学
Keith Glavash　マサチューセッツ工科大学／DSpace
Andrea Goethals　フロリダ図書館オートメーション・センター
Cathy Hartman　ノース・テキサス大学
Helen Hodgart　大英図書館
Nancy Hoebelheinrich　スタンフォード大学
Roger Howard, J.　ポール・ゲッティ美術館
Sally Hubbard　ゲッティ研究所
Mela Kircher　OCLC
John Kunze　カリフォルニア・デジタル図書館
Vicky McCargar　ロサンジェルス・タイムズ
Jerome McDonough　ニューヨーク大学/METS
Evan Owens　イサカ電子アーカイブ・イニシアティブ
Erin Rhodes　米国立公文書館
Madi Solomon　ウォルト・ディズニー社
Angela Spinazze　ATSPIN コンサルティング
Stefan Strathmann　ゲッチンゲン州・大学図書館
Günter Waibel　RLG
Lisa Weber,　米国立公文書館
Robin Wendler　ハーバード大学
Hilde van Wijngaarden　オランダ国立図書館
Andrew Wilson　オーストラリア国立公文書館，大英図書館
Deborah Woodyard-Robinson　大英図書館，ウッドヤード・ロビンソン・ホールディングズ社

PREMIS ウェブ・サイトと電子メール

PREMIS 維持活動ウェブ・サイト：
www.loc.gov/standards/premis/

PREMIS 実装者グループのディスカッション・リスト：pig@loc.gov に加入するには，本文に"subscribe pig [your name]"と書いた電子メールを listserv@loc.gov あてに送られたい。

意見，質問の送付先：premis@loc.gov

序論

背景

　2003年，OCLCとRLGは共同で，デジタル保存活動を支えるメタデータの利用に関する国際的な専門家から成るPREMIS（Preservation Metadata：Implementation Strategies「保存メタデータ：実装戦略」）作業グループ結成のスポンサーとなった。この作業グループには，図書館，博物館，公文書館，政府機関，私企業といったさまざまな分野を代表して，5か国から30人以上がメンバーとして参加した。作業グループの任務の一つは，デジタル保存のさまざまな局面に広範囲にわたって適用でき，作成，管理，利用のためのガイドラインや勧告に裏打ちされた，実装可能な保存メタデータのコア・セットを策定することだった。作業グループの任務のこの部分は，2005年5月，『保存メタデータのためのデータ辞書：PREMIS作業グループ最終報告書』の発表によって果たされた。

　この237ページの『報告書』は保存メタデータに関する豊かな資源を提供している。まず何よりもデータ辞書自体が，デジタル・アーカイブ・システムにおいて保存メタデータを実装するための，包括的で実用的な資源である。このデータ辞書は保存メタデータを次のように定義している。

・保存の局面で，デジタル・オブジェクトの取扱い可能性，提示可能性，理解可能性，真実性，アイデンティティを支える。
・デジタル資料を長期にわたって保存するために大多数の保存リポジトリが知る必要のある情報を表現する。
・「実装可能なメタデータ」を重視する。厳密に定義され，作成，管理，利用のためのガイドラインによって裏打ちされ，自動化された作業手順を志向する。

・技術的中立性を示す。保存技術，戦略，メタデータの蓄積や管理等についてどんな前提も設けない。

　データ辞書に加えて，作業グループはデジタル・アーカイブ・システムにおけるデータ辞書の実装を支援するため XML スキーマ・セットも発表した。この PREMIS データ辞書は英保存賞の主催による 2005 年デジタル保存賞を，また 2006 年米アーキビスト協会保存出版賞を受賞した。

　2005 年にデータ辞書を発表した後，PREMIS 作業グループは解散し，米国議会図書館の後援による「PREMIS 維持活動」が開始され，データ辞書を維持管理し，保存メタデータおよび関連する論題の理解促進のための他の作業を組織することとなった。データ辞書，XML スキーマおよび関連資料の恒久的なウェブのホームを提供するのに加えて，この「維持活動」は PREMIS 実装者グループ（PIG）のディスカッション・リストおよびウィキを運用し，データ辞書とその利用に関するチュートリアルを実施し，保存メタデータの問題に焦点を当てた研究を委託している。「維持活動」はまたデータ辞書と XML スキーマのさらなる発展とその利用促進に責任を持つ編集委員会を設立した。編集委員会のメンバー構成は国籍や所属機関のバラエティを反映したものとなっている。

　データ辞書の発表の時点で，その内容を少なくとも 18 か月は「凍結」する決定がなされ，デジタル保存コミュニティに時間を与え，これを読んで消化し，その実装実験をし，誤りを特定し，そして最も重要なこととして，データ辞書がその価値と適用しやすさを増すための改善ができるよう，フィードバックしてもらうこととなった。フィードバックはさまざまな仕組みを通して集められ，2007 年，編集委員会はデータ辞書の最初の改訂を行うに十分なレベルの意見が蓄積されたと判断した。編集委員会のメンバーは，利害関係者に改訂のプロセスに携わってもらうようあらゆる努力を払いつつ，データ辞書を改訂した。委員会は保存コミュニティで議論されている問題について常に情報提供し，改訂案にコメントを求め，それが適切な場合には外部の専門家に相談した。こうしたプロセスの結果が，『PREMIS 保存メタデー

タのためのデータ辞書 第 2.0 版』である。

最初の PREMIS データ辞書の策定

　PREMIS は OCLC, RLG 共同出資の別のイニシアティブ「保存メタデータ枠組み（PMF）」作業グループによる先行研究を基盤に設立された。2001 年から 2002 年にかけて，この PMF 作業グループは格納されたデジタル・オブジェクトに結びつけられるべき情報のタイプの概略を示した。その報告書『デジタル・オブジェクトの保存を支援するためのメタデータの枠組み』（以下『枠組み』）はプロトタイプとなるメタデータ要素のリストを提案した[1]。しかしながら，これらのプロトタイプ要素を実用化するには追加の作業が必要だった。PREMIS 作業グループはこの PMF グループの仕事をさらに一歩進めて，格納されたオブジェクトに適用するためのコア・メタデータ要素のデータ辞書を策定するとともに，保存システムにおけるメタデータの作成，管理，利用について指針を与え，最良の実践方法を示唆するよう要請された。

　PREMIS は理論よりも実用性に焦点を当てていたので，メンバーは文化遺産や情報産業セクター内で保存リポジトリ・システムを運営あるいは開発している機関から募集された。と同時に多様な視点も求めた。作業グループは 5 か国の大学図書館や国立図書館，博物館，公文書館，政府，私企業の代表者から構成された。加えて，進捗状況点検のため専門家からなる国際的な諮問委員会を招集した。

　保存リポジトリが実際にどのように保存メタデータを実装しているか理解するため，2003 年 11 月，作業グループは，デジタル保存活動を行っているか，あるいは関心を持っていると考えられる，およそ 70 の機関を対象に調査を行った。この調査はデジタル保存全般に関して現在の到達水準を探り出す機会を提供するもので，メタデータの実践ばかりでなく，政策，経営および資金，システム・アーキテクチャ，保存戦略などについての情報を聞き出すために質問が作成された。48 の回答機関のうち 16 機関に対し，サブグループがより詳細な電話インタビューを行った。2004 年 12 月，PREMIS 作業

グループはこのデジタル・リポジトリ調査に基づいた報告書『デジタル資料保存リポジトリの実装：文化遺産コミュニティにおける現在の実践と今後の潮流』（以下『実装調査報告』）[2] を発表した。この調査の知見は作業グループがデータ辞書を策定する際の議論に非常に役立った。

『枠組み』とPREMISのデータ辞書は，ともにOAIS参照モデル（ISO 14721）[3] を基に作られている。OAISの情報モデルは，情報オブジェクトと保存オブジェクトのパッケージの分類および関連するメタデータの構造の形で概念的基礎を提供している。『枠組み』はOAIS参照モデルの詳細化と見ることができ，その概念構造への保存メタデータのマッピングを通して詳細な説明がなされている。PREMISデータ辞書は『枠組み』をデータ辞書中の実装可能な意味単位のセットへと翻訳したものと見ることができる。しかしながら，このデータ辞書とOAISでは用語の使用法に時として違いがあることに注意していただきたい。そうした違いはこの報告書に付されている用語集に注記してある。違いは，通常，PREMISの意味単位はOAISの定義が示すよりもさらに限定性を要するという事実を反映している。これは概念的枠組みから実装へと移る際には予期されることである。

実装可能な，コア保存メタデータ

　PREMISデータ辞書は「保存メタデータ」を〈デジタル保存プロセスを支援するためにリポジトリが使う情報〉と定義している。特に，わがグループは保存の局面における取扱い可能性，提示可能性，理解可能性，真実性，識別性などの維持機能を支援するメタデータを見据えている。したがって，保存メタデータはメタデータのタイプを区分するのによく使われる，管理的（権利と許諾を含む），技術的，構造的，といったカテゴリのすべてにまたがる。特別な注意が払われたのは，デジタル来歴（オブジェクトの歴史）の記録および関係，とりわけ保存リポジトリ内の異なったオブジェクト間の関係，の記録である。

　わがグループは多くの「コア」の定義を考察した。ある見方では，コアと

はどんな状況下でも絶対に要求されるメタデータすべてを言う。別の見方では，コアとはリポジトリがどんなタイプであれ，どんなタイプの保存戦略を実装していようが，メタデータが適用可能であることを意味する。PREMISは次のような実用的な定義を用いる。〈ほとんどの運用中の保存リポジトリがデジタル保存を支援するために知る必要がありそうなもの。〉「ほとんど」とか「ありそう」といった言葉をあえて選んだ。コアは必ずしも必須を意味するものではなく，いくつかの意味単位は，例外的な場合が明らかなときは，任意とした。

　「実装可能性」という概念もまた定義を要した。ほとんどの保存リポジトリは大量のデータを扱う。したがって，保存メタデータの実装可能性において鍵となる要素は，リポジトリによって値が自動的に付与され，自動的に処理することができるかどうかである。わがグループは，可能な限り，付与や分析に人間の介入を必要としない要素を定義した。たとえば，文章による記述よりも典拠リストのコード化された値を優先的に採用した。

　わがグループはデータ辞書が実装から完全に独立したものであるべきだと考えた。すなわち，コア・メタデータはリポジトリが知る必要がある情報を，その情報がどのように格納されるかにかかわらず，あるいはその情報が格納されるかどうかにさえかかわりなく，定義している。たとえば，ある識別子が使用可能であるためには，識別子の体系と，それが一意である名前空間を知る必要がある。もしあるリポジトリがただ一つのタイプの識別子を使うのであれば，各オブジェクトにその体系を記録する必要はないだろう。しかしながら，他のリポジトリとメタデータの交換をする際にはこの情報を知る必要があるし，それを提供できる必要があるだろう。特定の方法で記録したり表現したりする必要より，知る必要を強調するため，わがグループは「メタデータ要素」よりもむしろ「意味単位」という言葉を使うほうがよいと考えた。このデータ辞書は意味単位を名づけ，記述するものである。

PREMIS データ・モデル

　作業グループはデータ辞書に定義されている意味単位を組織化するため，単純なデータ・モデルを作り上げた。このデータ・モデルは作業グループがデジタル保存活動に関して特に重要だと感じた五つのエンティティを定義している。その五つとは，知的エンティティ，オブジェクト，イベント，権利，エージェントである[4]。データ辞書中で定義されている各意味単位は，このデータ・モデルのエンティティのうち一つの属性である。図 1 は PREMIS データ・モデルを図示したものである。

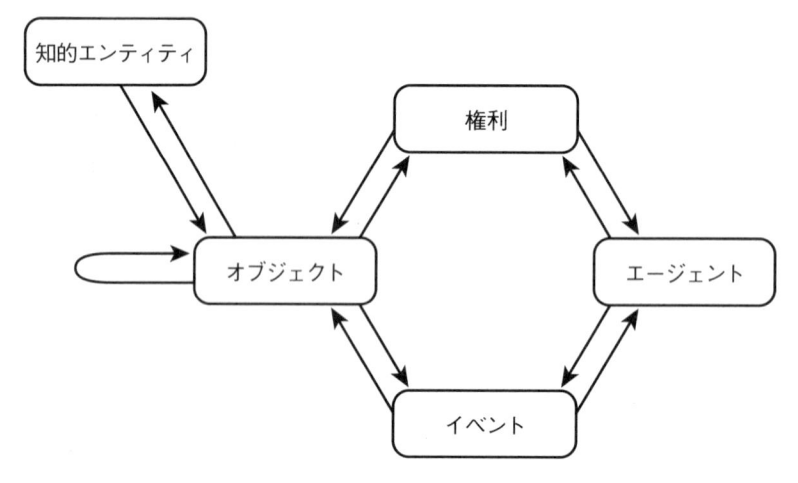

図 1：PREMIS データ・モデル

　図 1 の中で，エンティティは箱で表され，それらの間の関係は線で表されている。矢印の向きは保存メタデータ中に記録されている関係リンクの方向を示している。たとえば，権利エンティティからエージェント・エンティティへの矢印は，権利エンティティに結びつけられたメタデータが「エージェント」との関係についての情報を記録する意味単位を含むということを意味する。

オブジェクト・エンティティから出て自身に戻っている矢印はデータ辞書中で定義されている意味単位がオブジェクト間の関係の記録を扱うことを意味する。このデータ・モデルの他のエンティティはこのタイプの関係を扱わない。言い換えれば，オブジェクトは他のオブジェクトに関係できるのに対して，イベントは他のイベントに関係できないし，エージェントも他のエージェントに関係できない。以下同様である。

PREMIS データ・モデルのエンティティは次のように定義される。

知的エンティティ：管理や記述といった目的にとって単一の知的単位とみなされる情報内容の集合。たとえば，ある本，地図，写真，あるいはデータベースなど。ある知的エンティティは他の知的エンティティを含むことができる。たとえば，あるウェブ・サイトはあるウェブ・ページを含むことができ，あるウェブ・ページはある写真を含むことができる。一つの知的エンティティは一つ以上のデジタル表現を持つことができる。

オブジェクト（またはデジタル・オブジェクト）：デジタル形式の1個の独立した情報の単位[5]。

イベント：保存リポジトリに結びつけられた，または知られた，少なくとも一つのオブジェクトまたはエージェントにかかわる，あるいは影響を与える活動。

エージェント：あるオブジェクトの一生におけるイベント，あるいはオブジェクトに付随する権利にかかわる人，組織，あるいはソフトウェア・プログラムやシステム。

権利：オブジェクトやエージェントにかかわる一つ以上の権利あるいは許諾の主張。

PREMIS データ辞書は**意味単位**を定義する。データ辞書に定義されている各意味単位はデータ・モデル中のエンティティの一つにマッピングされる。この意味では，意味単位はあるエンティティの属性とみなすことができる。たとえば〈大きさ〉という意味単位はオブジェクト・エンティティの属性である。意味単位は値を持つ。あるオブジェクトに対しては〈大きさ〉の値は

「843200004」といったものになるだろう。

　ほとんどの場合，ある意味単位は明らかにただ一つのタイプのエンティティの属性である。オブジェクトの大きさは明らかにオブジェクト・エンティティの属性である。しかしながら，一つの意味単位が二つ以上の異なったタイプのエンティティに等しく適用される場合もある。たとえば，イベントは結果を持つ。もし移行イベントが何か重要な特徴を失ってしまったファイルを作り出すとしたら，その特徴の喪失は一種の結果（ゆえにイベント・エンティティの属性）と見なされるかもしれないし，あるいは新しいファイルの属性（ゆえにオブジェクト・エンティティの属性）と見なされるかもしれない。ある意味単位が複数のエンティティ・タイプに等しく適用できるとき，その意味単位はデータ辞書中ではただ一つのタイプのエンティティに結びつけられる。このデータ・モデルでは異なったエンティティ間のリンクによってこうした関係を明確にしている。上の例では，特徴の喪失はイベントの結果詳細として取り扱われ，イベントが当該オブジェクトの識別子を含んでいる。重要なのは，この結びつきは恣意的なものであって，特定の実装が要求されているわけではないということである。

　意味単位は一組の関連する意味単位をまとめる**容器**（コンテナ）の形をとる場合もある。たとえば，意味単位〈識別子〉は二つの意味単位〈識別子タイプ〉と〈識別子値〉をまとめてグループとする。グループ化された下位の単位はその意味単位の**意味単位構成要素**と呼ばれる。いくつかの容器は**拡張容器**と定義され，外部スキーマに従ってコード化されたメタデータの利用を可能とする。これは PREMIS をより詳細で，非コアで，データ辞書の取扱い範囲外のメタデータ要素にまで拡張可能とする。

　関係は個々のエンティティ間の関連の記述である。「関係」は広くも狭くも解釈でき，多くの異なった方法で表現され得る。たとえば，「オブジェクト A はフォーマット B である」という文は A と B との間の関係とみなすことが可能だろう。しかしながら，PREMIS モデルはフォーマット B をオブジェクト A の属性として扱う。PREMIS は「関係」を二つ以上のオブジェク

ト・エンティティの間，またはオブジェクトとエージェントのような異なったタイプのエンティティ間の関連に限定する。

オブジェクトについての補足

　オブジェクト・エンティティは三つのサブタイプを持つ。ファイル，ビットストリーム，表現である。

　ファイルは名づけられ順序づけられたバイトの列で，オペレーティング・システムによって識別される。ファイルはゼロ・バイトでもそれ以上でもあり得るし，ファイル・フォーマット，アクセス許可，そして大きさや最終修正日などのファイル・システム特性を持つ。

　ビットストリームはファイル内の連続あるいは非連続のデータで，保存目的にとって意味のある共通の属性を持つ。ビットストリームは，ファイル構造（ヘッダーなど）の追加や何か特定のファイル・フォーマットへの再編成なしに，独立したファイルへと変換することはできない。

　表現は，構造メタデータを含み，知的エンティティの完全で妥当な提示のために必要とされるファイルの集合である。たとえば，ある雑誌論文は一つの PDF ファイルで完全かもしれない。この場合，単独のファイルが表現を構成する。別の雑誌論文は一つの SGML ファイルと二つの画像ファイルから成るかもしれない。この場合，これら三つのファイルが表現を構成する。三つ目の論文は 12 ページがそれぞれ一つの TIFF 画像で表され，加えて構造メタデータの XML ファイルがページの順序を示しているかもしれない。これら 13 のファイルが表現を構成する。

ファイル，ビットストリーム，ファイルストリーム

　PREMIS データ・モデルにおけるファイルは通常の用法でのコンピュータ・ファイルの概念に近い。オペレーティング・システムに識別されるゼロ以上のバイトの集合である。ファイルは読み書きおよびコピーができる。ファイルは名前とフォーマットを持っている。

ビットストリームは，PREMISデータ・モデルにおける定義では，ファイル内部に埋め込まれたビットの集合である。これは，ビットストリームは理論上二つ以上のファイルにまたがることが可能であるとする通常の用法とは異なる。ビットストリームが埋め込まれたファイルの好例は二つの画像を含むTIFFファイルである。

TIFFファイルのフォーマット仕様によれば，TIFFファイルはそのファイルについての情報を含むヘッダーを含まなくてはならない。その上で一つ以上の画像を含んでもよい。PREMISデータ・モデルではそれらの画像おのおのがビットストリームであり，識別子，位置，抑制因子，そして詳細な技術メタデータ（例：色空間）などの属性を持つことができる。

ファイルと同じ属性を持つビットストリームもあるし，そうでないものもある。TIFFファイルの内部に埋め込まれた画像は明らかにファイル自体とは異なった属性を持つ。しかしながら，別の例では，三つのTIFFファイルがより大きな一つのtarファイルにまとめられる。この場合，三つのTIFFファイルは埋め込まれたビットストリームでもあるのだが，すべてTIFFファイルの属性を持つ。

PREMISデータ・モデルはビットストリームの定義を厳密化し，特定のファイル・フォーマット仕様に準拠するためファイル構造（例：ヘッダー）を追加するか，あるいは別の再フォーマットをしない限り，独立したファイルに変換することができない，埋め込まれたビットストリームのみを含むこととした。こうしたビットストリームの例としてはTIFF6.0ファイル内の一画像，WAVEファイル内のオーディオ・データ，あるいはMicrosoft Wordファイル内のグラフィックスなどが含まれる。

いくつかの埋め込まれたビットストリームは一切の追加情報なしで独立したファイルに変換され得る。ただし抽出過程で解凍，解読，復号といった変換プロセスが実行されなければならないかもしれない。こうしたビットストリームの例としては，tarファイル内のTIFF，あるいはXMLファイル内のコード化されたEPSなどが含まれる。

PREMIS データ・モデルでは，これらのビットストリームは「ファイルストリーム」，すなわち，より大きなファイルに埋め込まれた真のファイルとして定義される。ファイルストリームはファイルの属性をすべて持つ。一方，ビットストリームはそうではない。データ辞書では「ファイル」欄はファイルとファイルストリームの両方に適用される。「ビットストリーム」欄はファイルストリームではないビットストリームのサブセットに適用され，より厳密な PREMIS のビットストリームの定義に従っている。ファイルの位置（データ辞書では「内容の位置」）は，通常，記憶装置内の位置となるだろう。一方，ファイルストリームあるいはビットストリームの位置は，通常，埋め込まれたファイル内の開始オフセットとなるだろう。

表現

多くの保存リポジトリの目標は，知的エンティティの使用可能な版を時を越えて維持することである。ある知的エンティティが展示されたり，演奏されたり，あるいは他の方法で人間に使用可能となるようにするためには，その知的エンティティの少なくとも一つの版を構成しているすべてのファイルが同定され，格納され，維持されていて，それらをいつでも集めて利用者に提示できるようになっていなければならない。表現はこれを行うために必要なファイルの集合である。

PREMIS は『書誌レコードの機能要件』（FRBR）[6] で使われている「体現形」という用語を避けるため「表現」という用語を選択した。FRBR では，体現形エンティティは「知的内容と物理形態の両方について同じ特性を有するすべての物理的オブジェクト」である。PREMIS モデルでは，表現は〈保存リポジトリに所蔵されている知的エンティティの一つのデジタル実現値〉である。

保存リポジトリは同じ知的エンティティに対して二つ以上の表現を持つかもしれない。たとえば，リポジトリは一つの画像（たとえば「馬の像」）をTIFF ファイルとして受け入れたとしよう。どこかの時点でリポジトリは

TIFFからJPEG2000ファイルを作り出し,両方のファイルを保持する。これらのファイルおのおのが「馬の像」の表現を構成することとなる。

　もっと複雑な例では,「馬の像」はTIFF画像とSGML化されたテキストのファイルから成る論文の一部ということもあり得る。もしリポジトリがTIFFからJPEG2000の版を作り出したとしたら,リポジトリはこの論文の二つの表現を所蔵することとなるだろう。TIFFとSGMLのファイルが一つの表現で,JPEG2000とSGMLのファイルがもう一つの表現を構成する。これらの表現がどのように格納されるかは実装の仕方による。あるリポジトリはSGMLファイルを一つだけ格納し,二つの表現でそれを共有することを選ぶかもしれない。別の方法として,リポジトリはSGMLファイルを二重化し,二つの同一コピーを格納することもできる。だとしたら,二つの表現はTIFFとSGMLコピー1,およびJPEG2000とSGMLコピー2から成ることとなろう。

　すべての保存リポジトリが表現とかかわりを持つわけではない。たとえば,リポジトリはファイル・オブジェクトだけを保存し,これらのオブジェクトを利用可能な表現に組み立てるのは外部のエージェントに委ねるということもあり得る。もしリポジトリが表現を管理しないのであれば,表現に関するメタデータを記録する必要はない。

知的エンティティとオブジェクト

　知的エンティティとオブジェクトの間の関係は二つの例によって説明ができる。

　例1 『動物のおかしなしぐさ』:『動物のおかしなしぐさ』という本は1902年に出版された。ある図書館が『動物のおかしなしぐさ』をデジタル化し,189ページのおのおのを一つずつのTIFFファイルとして作成した。構造メタデータとして,どのようにこれらの画像を組み立てて本として完成させるかを示したXMLファイルを作成した。それからこの図書館はTIFF画像をOCRにかけ,最終的に,人手によりSGMLのマークアップがされた

一つの巨大なテキスト・ファイルを作り上げた。この図書館は 189 の TIFF ファイル，1 個の XML ファイル，1 個の SGML ファイルを保存リポジトリに提出した。

　このリポジトリにとって『動物のおかしなしぐさ』は知的エンティティである。これは全体として記述可能で，著者，タイトル，出版年月日といった属性を持つ，一つの妥当な単位である。リポジトリは二つの表現を持つ。一つは 189 の TIFF ファイルと 1 個の XML ファイルから成り，もう一つは 1 個の SGML ファイルから成る。それぞれの表現が『動物のおかしなしぐさ』の完全版を提示することができるのだが，機能が異なる。リポジトリは二つの表現オブジェクトおよび 191 のファイル・オブジェクトに関するメタデータを記録することになる。

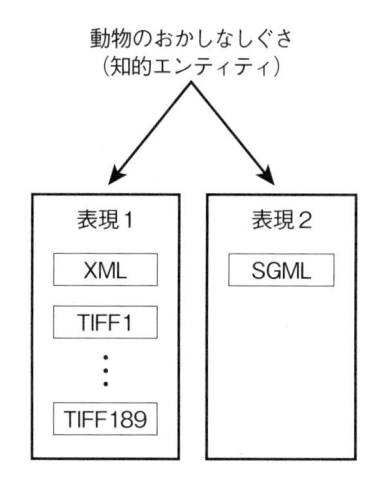

図 2：『動物のおかしなしぐさ』知的エンティティの例

例 2　『ようこそ大学へ』：『ようこそ大学へ』は，保存リポジトリに AVI（Audio Video Interleaved）ファイルで提出された，新入生に大学のキャンパスを紹介する 10 分間の映画である。

　『ようこそ大学へ』は知的エンティティである。リポジトリは一つの表現

を持ち，それは単一のAVIファイルから成る。このリポジトリの保存方針では，AVIファイルの音声ビットとビデオのビットは別々の管理を要する。このリポジトリは一つの表現オブジェクト，一つのファイル・オブジェクト，二つのビットストリーム・オブジェクトに関するメタデータを記録することになる。

イベントについての補足

　イベント・エンティティは活動に関するメタデータを統合する。保存リポジトリは多くの理由でイベントを記録するだろう。デジタル・オブジェクトを修正する（すなわち，新しい版を作り出す）活動の記録は，真実性の鍵となる要素，デジタル来歴を維持・管理するのに重要である。新しい関係を作り出す，あるいは既存の関係を変える活動は，そうした関係を説明するのに重要である。オブジェクトの有効性や整合性のチェックのように何も変えない活動でさえ，管理のために記録が重要なことがあり得る。リポジトリによっては，課金や報告のため，配布や報告のリクエストなどの活動を追跡調査することもあるかもしれない。

　どの活動をイベントとして記録するかはリポジトリ次第である。いくつかの活動は些末に過ぎて記録に値しないと考えられるかもしれないし，別のシステムで記録されるかもしれない（たとえば，日常のファイル・バックアップは記憶装置管理システムに記録されるといったふうに）。あるオブジェクトがリポジトリに受け入れられる前に起きるイベント，たとえばより以前のオブジェクトからの派生，あるいは保管者の変更といったこと，を記録するかどうかもまた実装時の判断事項である。理論上は，知的エンティティの廃棄に続くイベントもまた記録可能だろう。たとえば，リポジトリは最初ある知的エンティティを廃棄し，次にそのエンティティに関するすべてのファイル・オブジェクトを削除し，それぞれの削除をイベントとして記録することができるだろう。

　このデータ・モデルでは，オブジェクトはイベントと二通りの方法で関連

づけられる。もしあるオブジェクトが他のオブジェクトとイベントを通して（が原因で）関係しているのであれば、そのイベント識別子は〈関係〉容器の中に意味単位〈関係イベント識別〉として記録される。もしオブジェクトが関連するイベントだけを持ち、他のオブジェクトと関係がないのであれば、イベント識別子は容器〈リンクするイベントの識別子〉に記録される（関係についての詳細は、37 ページを参照のこと）。

　たとえば、ある保存リポジトリが XML ファイル（オブジェクト A）を受け入れ、あるプログラムを走らせること（イベント 1）により、正規化された版（オブジェクト B）を作成すると仮定しよう。オブジェクト B のメタデータは「関係」の中に次のように記録することができよう。

　　　関係タイプ＝"派生"
　　　関係サブタイプ＝"から派生"
　　　関係オブジェクト識別
　　　　関係オブジェクト識別子タイプ＝"ローカル"
　　　　関係オブジェクト識別子値＝"A"
　　　　関係オブジェクトの順序＝"適用不可"
　　　関係イベント識別
　　　　関係イベント識別子タイプ＝"ローカル"
　　　　関係イベント識別子値＝"1"
　　　　関係イベントの順序＝"適用不可"

　この例を続けて、オブジェクト B が作成された後、別のプログラムを走らせること（イベント 2）により、B の妥当性が検証されたとしよう。この場合、イベント 2 はオブジェクト B だけにかかわるのであって、B と A の間の関係に属するものではない。イベント 2 へのリンクは〈リンクするイベントの識別子〉として記録されるだろう。

　　　リンクするイベントの識別子タイプ＝"ローカル"
　　　リンクするイベントの識別子値＝"2"

　任意のオブジェクトが、こうした二つの方法で、どんな数のイベントとも

結びつけられる。

　すべてのイベントは結果（成功，失敗，など）を持つ。いくつかのイベントはまた出力を持つ。たとえば，あるプログラムの実行は新しいファイル・オブジェクトを作り出す。意味単位〈イベント結果〉および〈イベント結果詳細〉は質的な結果の記録を意図している。たとえば，もしイベントがフォーマットの検証行為だとしたら，〈イベント結果〉の値はオブジェクトが完全に妥当であるということを示すコードになるかもしれない。あるいは，オブジェクトが完全には妥当ではないことを示すコードになるかもしれず，そうすると〈イベント結果詳細〉は発見されたすべての異常を記述するために用いられることも可能である。もし検証を実行するプログラムが警告やエラー・メッセージのログを書くとしたら，〈イベント結果詳細〉の二番目の実現値はそのログを格納したり，あるいは指し示すために用いられることも可能である。

　もしあるイベントがリポジトリに蓄積されるオブジェクトを作り出すとしたら，それらのオブジェクトは適用可能なメタデータをすべて備えたエンティティとして記述され，そのイベントとリンクで結びつけられるべきである。

エージェントについての補足

　エージェントは明らかに重要だが，このデータ辞書の焦点ではないので，エージェントを識別する手段とエージェントのタイプの分類（人，組織あるいはソフトウェア）だけを定義する。さらなるメタデータが必要とされそうだが，これは他のイニシアティブに定義を譲りたい。

　先のデータ・モデルの図では，エージェント・エンティティからイベント・エンティティへの矢印はあるが，エージェントからオブジェクト・エンティティへの矢印はない。エージェントはイベントを通して間接的にしかオブジェクトに影響を与えない。おのおののイベントは一つ以上の関連するオブジェクトと一つ以上の関連するエージェントを持つことができる。同一のエージェントが異なったイベントにおいて異なった役割を果たすことができるた

め，エージェントの役割はイベント・エンティティの属性であって，エージェント・エンティティの属性ではない。

権利についての補足

　権利表現言語から<indecs>の枠組みまで，知的財産権と許諾に関するメタデータには多くの努力が払われている。しかしながら，デジタル保存に固有の権利や許諾に取り組んでいる仕事はほんのわずかである。PREMISデータ辞書初版の発表後，米国議会図書館はPREMIS維持機関としての立場で研究論文作成を委託した。それがカレン・コイル著「PREMISデータモデルにおける権利」である[7]。この論文は，知的所有権を確立するための三つの基盤として著作権，ライセンス，規則を論じ，これらの基盤に関する情報を含めるためデータ辞書中の権利情報の拡張を勧告した。

　その結果，元のデータ辞書の〈許諾文書〉はこの版では〈権利文書〉に置き換えられた。この版では，編集委員会はこのコイルの論文やピーター・ハートルの卓越した「デジタル保存と著作権」[8]などの参考資料，カリフォルニア・デジタル図書館のcopyrightMDスキーマ案[9]などに大きく依存した。ただcopyrightMDの利用案とPREMISの権利とはかなり違っていることには注意すべきである。copyrightMDスキーマは，人間が所与の作品の著作権評価を十分な情報を持ってできるよう，事実に関する情報を記録することを意図している。PREMISの〈権利文書〉は，保存リポジトリが自動化された形である行為を実行する権利があるかどうかの判断を，その根拠となるような記録でもって，可能にすることを意図している。

データ辞書の構造と利用に関する一般的な論点

　PREMISデータ辞書に定義されている意味単位は，データ辞書の組織化とその実装を支援する二，三の構造的な慣行によって結びつけられている。そうした慣行として，識別子の利用，データ辞書中で関係が取り扱われる様式，

メタデータをオブジェクトに関連づける際の「1：1の原則」がある。

識別子

オブジェクト，イベント，エージェント，権利文書の各実現値は〈識別子〉容器の下に集められた意味単位の集合によって一意に同定識別される。これらの意味単位はエンティティのタイプにかかわらず同一の構文，構造に従う。

[エンティティ・タイプ］識別子

　　［エンティティ・タイプ］識別子タイプ：識別子が一意である領域

　　［エンティティ・タイプ］識別子値：識別子の文字列

以下の例はこの構文を使用してハーバードのデジタル・リポジトリ・サービス（DRS）中のオブジェクト，および名前解決サービス（NRS）のもとで起こるイベントを識別する方法を説明したものである。

例1：オブジェクトの識別
　オブジェクト識別子
　　オブジェクト識別子タイプ：NRS
　　オブジェクト識別子値：http://nrs.harvard.edu/urn-3:FHCL.Loeb:sa1

例2：イベントの識別
　イベント識別子
　　イベント識別子タイプ：NRS
　　イベント識別子値：716593

どちらの例でも識別子タイプは「NRS」で，これはこの識別子が名前解決サービス（NRS）の領域内では一意で，デジタル・リポジトリ・サービス（DRS）のために識別子を割り当てていることを示す。識別子タイプは可能な限り限定的で，識別子の値の組み立て方や該当する命名機関を示す十分な情報を提供すべきである。たとえば，最初の例ではオブジェクト識別子タイプとして「URL」を使うことも認められるだろう。なぜなら識別子の値はそ

の領域ではただ一つだからである。しかし「NRS」の方が，この識別子が作成され使われている領域について，より多くの情報を伝えるのである。

　もしすべての識別子がリポジトリ・システム内に限られたものであれば，識別子タイプがシステム内の各識別子に明示的に記録される必要はないだろう。これは情報が状況または方針によって暗黙のうちに知られているため，保存システム中にメタデータ要素として実装されない意味単位の例である。しかしながら，もしリポジトリがデジタル・オブジェクトおよび付随するメタデータを他のリポジトリと交換するとしたら，識別子タイプは明示的に付与されるべきである。

　識別子はリポジトリの内でも外でも作成することができる。PREMIS データ辞書は特定の識別子体系を要求しないし，推奨することもない。それは実装に固有の問題であり，このデータ辞書の視野の範囲外である。データ辞書は単に，どのような特定の体系が選ばれようと，識別子のタイプと値を表現するのに利用できる一般的な構文を提供する。しかしながら，リポジトリは可能な限り永続的な識別子体系を選択することが推奨される。

　識別子はオブジェクトとエージェントでは繰り返し可能だが，権利とイベントでは繰り返し不可である。オブジェクトとエージェントは世界的な環境において，またシステムをまたいで，複数のアイデンティティを持つことがしばしばあり，したがって複数の識別子を持つ可能性が高い。権利とイベントは特定の保存リポジトリに限定された使い方をされると考えられ，したがって複数の識別子を要しない。

　識別子は PREMIS データ辞書中のエンティティ間の関係を確立するための照会番号として用いられる。関係については次節で論じる。

オブジェクト間の関係

　先に記したように，リポジトリ中のオブジェクトはそのリポジトリ中の他の一つ以上のオブジェクトと関係を持つことができる。PREMIS データ辞書はオブジェクト間の関係の記録を扱う意味単位を提供する。わが作業グルー

プは，この問題の探究を，既存の保存メタデータ・プロジェクトから例を集めることから始めた。関係として表現された幅広いメタデータが発見された。たとえば，「から移行された」，「の鍵付きテキストである」，「のサムネイルである」。いくつかの場合，関係の陳述は二つ以上の事実を結合している（たとえば，「の鍵付きテキストである」は「鍵付きテキストである」と「から派生している」とを結合している）。グループはまたダブリン・コアの「関係」要素の詳細化（「の部分である」，「のフォーマットである」，「の版である」等）を再検討し，オブジェクト間の関係のほとんどが以下の三つの基本タイプの変形らしいという結論に達した。すなわち，構造，派生，依存である。

構造関係はオブジェクトの部分間の関係を示す。知的エンティティの表現を構成するファイル間の構造的関係は明らかに本質的な保存メタデータである。もし保存リポジトリがデジタル・オブジェクトの断片をつなぎ合わせて元に戻せないとしたら，そのオブジェクトを保存できなかったことになる。単純なデジタル・オブジェクト（たとえば一枚の写真）では構造情報は最低限となり，ファイルが表現を構成する。他の電子ブックやウェブ・サイトのようなデジタル・オブジェクトはかなり複雑な構造関係を持ち得る。

派生関係はオブジェクトの複製あるいは変換から生じる。結果として生じるオブジェクトの知的内容は同じであるが，オブジェクトの具体化，そしてひょっとしたらそのフォーマット，は異なっている。フォーマット X のファイル A が移行されてフォーマット Y のファイル B が作成されるとき，A と B の間に派生関係が存在する。

多くのデジタル・オブジェクトは複雑で，構造情報も派生情報も時がたてば保存活動の結果として変化することがあり得る。たとえば，400 ページの TIFF 画像によって表現された電子化図書は移行後には各 100 ページの四つの PDF ファイルになるかもしれない。

オブジェクト間の構造関係は，それらのオブジェクトがリポジトリに受け入れられる前に，派生行為によって作られることもある。たとえば，あるワープロ文書が PDF や XML といったフォーマットの派生ファイルを作成す

るために使われたということもあり得る。この場合，もし PDF や XML ファイルのみが保存リポジトリに提出されるとしたら，これら二つのオブジェクトは元のワープロ・ファイルと親子関係を持つ同じ知的エンティティの異なった表現である。お互いに派生関係を持つわけではないが，兄弟（共通の親の子ども）という構造関係を持つのである。

　すべての可能な構造あるいは派生情報をモデル化するただ一つの方法はない。わがグループは特定のアプローチを指定するよりむしろ，捕捉しなければならない本質的情報を同定識別した。PREMIS データ辞書では〈関係〉という意味単位の意味単位構成要素においてこれを記述した。構造および派生関係はオブジェクト同士をリンクする。これらのオブジェクトは識別されなければならない。関係のタイプは何らかの方法（例：「の子どもである」）で識別されなければならず，関係はその関係を作り出したイベントと結びつけられるかもしれない。実装者は保存すべき情報内容に最もよく適合する方式を選ぶことになり，たとえば，METS[10] の構造マップ（structMap）あるいは関係のタイプを定義する記述メタデータ体系（例：ダブリン・コア[11]）などを使うことになるだろう。

　依存関係は，あるオブジェクトがその機能，配布，あるいは内容の一貫性を維持するのに別のオブジェクトを必要とするといった際に存在する。オブジェクトはフォント，スタイル・シート，DTD，スキーマ，あるいは，形式上はオブジェクト自体の一部ではないがオブジェクトを提示するのに欠かせない他のファイル，などを必要とするかもしれない。このデータ辞書は依存関係を，環境情報の一部として，意味単位〈依存性〉および〈ソフトウェアの依存性〉で取り扱う。こうすることによりハードウェアとソフトウェアの要件が依存ファイルの要件と一緒にまとめられ，オブジェクトの提示や理解に必要とされる情報あるいは資産の全体像が形成される。

異なるタイプのエンティティ間の関係

　先のデータ・モデルの図は異なったエンティティ間の関係を示すために矢

印を用いている。オブジェクトは知的エンティティに関係している，オブジェクトはイベントに関係している，エージェントはイベントに関係している，等々。このデータ辞書は，エンティティAの情報の中に関係するエンティティBへのポインタを含めることによって，関係をリンク情報として表している。したがって，たとえば，オブジェクト・エンティティは知的エンティティとイベントに対する矢印を持っている。これらはデータ辞書では意味単位〈リンクする知的エンティティの識別子〉および〈リンクするイベントの識別子〉によって表現されている。

1：1の原則

　デジタル保存においては，保存されているオブジェクトの新しいコピーあるいは版を作成するのが一般的なやり方である。たとえば，新しい環境への移行において，フォーマットXのファイルAがあるプログラムに入力されてフォーマットYのファイルBが出力されるとしよう。ファイルAとBに関して二通りの考え方がある。両者は一つのオブジェクトでXからYへの変換はその歴史に含まれると考えてもよいだろうし，あるいは両者は二つの別のオブジェクトで変換というイベントによって作り出された関係を持つと考えることも可能だろう。

　メタデータにおける1：1の原則は，おのおのの記述がただ一つの資源だけを記述することを規定している。PREMISメタデータが適用された場合，保存リポジトリ内に収められたすべてのオブジェクト（ファイル，ビットストリーム，表現）は静的なビットの集合として記述される。ファイル（あるいはビットストリームあるいは表現）を変化させることはできず，元となるオブジェクトに関係する新しいファイル（あるいはビットストリームあるいは表現）を作成できるだけである。したがって，上の例では，ファイルAとBは別々のオブジェクトで，派生関係を両者の間に持つということになる。データ辞書はオブジェクトの作成日のための意味単位（〈アプリケーションによる作成日〉）を持つが，オブジェクトの修正日のための意味単位は持た

ない。なぜなら，定義上，オブジェクトは修正できないからである。

　新しいオブジェクトが既存のオブジェクトから派生するとき，新しいオブジェクトを作成したイベントは「イベント」として記録されるべきで，それは日時のスタンプを持つことになるだろう。オブジェクト間の関係はオブジェクト・エンティティと結びつけられた〈関係〉意味単位を使って記録されるべきである。イベントとの関連づけには意味単位構成要素〈関係イベント識別〉が使われるべきである。

実装にあたっての留意事項

PREMIS 準拠

　PREMIS 準拠に要するのは，このデータ辞書に概略が示された仕様に保存リポジトリが従うことである。たとえば，もし PREMIS 準拠をうたうリポジトリがこのデータ辞書中の意味単位と同じ名前のメタデータ要素を実際に持つとしたら，そのリポジトリのメタデータ要素はその意味単位の定義も共有することが期待される。データ辞書に定義されていないメタデータを使っても確かによいのだが，PREMIS 外の要素は PREMIS の意味単位と矛盾したり重なり合ってはならない。言い換えれば，ローカルのメタデータは PREMIS の意味単位を拡張するために使うことはできても，修正するためには使えない。同様に，データ辞書におけるデータの制約と適用可能性のガイドラインも固く守られなければならない。繰り返し可能性と義務については，より厳しい適用は許されるが，よりゆるやかな適用は許されない。すなわち，データ辞書で繰り返し可と定義されている意味単位をリポジトリ内で繰り返し不可として取り扱うことは可能だが，逆は許されない。

　PREMIS データ辞書はいくつかの意味単位を，表現，ファイル，ビットストリームを記述する際に必須であると指定している。必須の意味単位は，1) デジタル・オブジェクトの長期保存を支援するのに必要で，2) デジタル・オブジェクトの管理がある保存リポジトリから他のリポジトリへと移る際に

は付随して移されなければならない，最低限の情報を表している。リポジトリの内部システムの中で，必須の意味単位を収集，蓄積，管理するための所定の方策はない。また，リポジトリによって明示的に記録され，ローカルに維持管理されなければならない最低レベルの情報というものもない。一般に，このデータ辞書の必須の意味単位とは保存リポジトリが所蔵するどのデジタル・オブジェクトにも結びつけることができなくてはならない情報を表す。具体的な結合の手段（例：ローカルなメタデータの蓄積，共同の登録簿，など）は実装の問題であり，このデータ辞書の視野の範囲外である。

　デジタル・オブジェクトが二つの保存リポジトリ間で交換されるとき，オブジェクトを送り出すリポジトリは，自分のシステムまたは他の情報源から，データ辞書に必須と記された意味単位の記録に必要な情報を抽出することができなくてはならない。この情報はデータ辞書の規定に準拠していなくてはならず，二番目のリポジトリへの引き渡しの前にデジタル・オブジェクトとともにパッケージ化されなくてはならない。PREMIS作業グループは，二番目のリポジトリがデジタル・オブジェクトの管理を受け入れ，その長期保存の責任を引き受けるためには，この情報が最低限必要だと確信している。

　いくつかのPREMIS意味単位は他のメタデータ・スキーマのメタデータ要素と等価である。もしPREMISの意味単位を記録するのに他のスキーマからメタデータを取ってくるのであれば，その情報がPREMISデータ辞書の対応する意味単位の持つ要件や制限に確かに従っているかどうか，注意を払わなければならない。PREMISデータ辞書と他のメタデータ・スキーマが重なり合っている場合には，両者を一致させることが準拠の問題を最小限にするのに役立つだろう。たとえば，Z39.87メタデータ標準（デジタル静止画像の技術メタデータ）[12]は，いくつかの要素をPREMISデータ辞書の同等の意味単位と一致させるために修正した。

　保存リポジトリは時にデジタル・オブジェクトを保存リポジトリではない団体と交換することもある。ある団体が保存リポジトリに保管のためにオブジェクトを提出するとき，提出者が必須の意味単位を記録するために必要な

情報をすべてにわたって付与する立場にあるとは考えにくい。そうではなくて，提出者はこの情報のサブセットを付与することになるだろう。その範囲は，理想的には，提出者とリポジトリの間の事前の協議によって決定される。このサブセットの範囲がどの程度であれ，提出者によって付与される情報はすべてデータ辞書に準拠しているべきである。その上で，リポジトリの受入プロセスが必須の意味単位の残りの情報を付与するだろう。

リポジトリがアーカイブされたデジタル・オブジェクトを利用者に提供するとき，アーカイブされたオブジェクトに関する必須の意味単位のすべてに利用者が興味を示すというのも考えにくい。そうではなくて，利用者はこれらの意味単位のサブセットを提供されることだろう。提出の場合と同様，このサブセットの範囲がどの程度であれ，リポジトリによって提供される情報はすべてデータ辞書に準拠しているべきである。

保存リポジトリや他の利害関係者のネットワークを通した相互運用性を確立するには，実現可能なスキーマとして形式化された，長期保存を支えるのに必要なメタデータについての共通認識を必要とする。PREMIS 準拠および必須の意味単位はこうした必要性を満たすことを意図している。

データ・モデルの実装

PREMIS データ・モデルは，データ辞書中の意味単位の意味と用法を明確にすることを意図している。実装のためのアーキテクチャを規定しようというものではない。

作業グループは，ほとんどの保存リポジトリが何らかの方法で「オブジェクト」，「エージェント」，「イベント」，「権利」といった概念的エンティティを扱う必要が出てくると信じ，ファイルおよびファイルストリーム，ビットストリーム，表現といった，オブジェクトのサブクラスの属性間の違いを明らかにすることが有用だと考えた。しかしながら，特定のリポジトリの実装では，きめを粗くしたり細かくしたり，あるいはまったく異なったエンティティのカテゴリを定義する必要があるかもしれない。PREMIS が推奨するの

は，どんなデータ・モデルを使おうと明確に定義，文書化すること，そしてデータ・モデルと整合性のあるメタデータを決めることである。

意味単位の集合はグループ化され間接的に特定のエンティティに関係づけられるかもしれない。たとえば，「環境」は「オブジェクト」の属性である。論理的には，各ファイルに一つ以上の環境が関係づけられる。しかしながら，多くの場合，環境はファイル・フォーマットによって決定される。すなわち，あるフォーマットのすべてのファイルが同じ環境情報を持つ。これは，実装により，多くの異なったやり方で取り扱うことが可能だろう。例をあげる。

- リポジトリ1は関係データベース・システムを利用する。これは各ファイル・オブジェクトを行で示す「ファイル」表と，各環境情報のセットを行で示す「環境」表を持つ。「ファイル」表は「環境」表と結合して各ファイルにふさわしい環境情報を得ることができる。
- リポジトリ2は環境情報を取得するために外部で維持管理されている登録簿を利用する。リポジトリは内部でファイル・フォーマットと外部登録簿のアクセス・キーの一覧表を維持管理する。環境情報は必要なときに外部登録簿へのウェブ・サービス・インターフェースを介してアクセスされ，動的に取得される。
- リポジトリ3は表現を容器とし，ファイルをそれらの容器内部のオブジェクトとしてモデル化するシステムを使用する。各オブジェクトは一組の属性とタイプづけられた値のペアから成る。属性は値の役割を定義する。属性・タイプ記述はそれ自体がオブジェクトで，その識別子は他のオブジェクト識別子と同じ名前空間から引き出される。ファイル・オブジェクトはフォーマット属性を含むだろう。フォーマット記述もまたオブジェクトなので，環境属性を含むことができ，それが今度は環境記述オブジェクトを指し示すことになろう。別法として，ファイル・オブジェクトが環境属性を直接含むことも可能だろう。

メタデータの格納

「実装戦略サブグループ」による調査は，リポジトリがメタデータ格納のためのいくつかの異なった構造を実装していることを示した。最も一般的には，メタデータは関係データベースの表に格納される。メタデータをXML文書としてXMLデータベースに，あるいは内容データ・ファイルとともに格納されたXML文書として，格納するのもまた一般的である。他の方法には，独自のフラット・ファイル・フォーマットやオブジェクト指向データベースなどがある。ほとんどの回答者がこれらのうち二つ以上の方法を使っている（詳細については，『実装調査報告』[2] を参照のこと）。

メタデータ要素をデータベース・システムに格納することには，高速のアクセス，容易な更新，問合せや報告への使いやすさといった利点がある。メタデータ・レコードを，デジタル・オブジェクトとして，リポジトリの記憶装置にそのメタデータが記述するデジタル・オブジェクトとともに格納するのもまた利点がある。すなわち，メタデータを内容から切り離しにくくなり，内容に適用されるのと同じ保存の方策がメタデータに適用できる。推奨される実践方法は，重要なメタデータは両方の方法で格納することである。

複合オブジェクトはオブジェクトの内部構造と部分間の関係を記述する構造メタデータを要する。PREMISデータ辞書では，「関係する」と「リンクする」で始まる意味単位が簡単な構造情報を表現するのに利用できる。ある場合にはこれでオブジェクトの利用に十分だろうが，十分ではない場合もあるだろう。オブジェクトの提示，ナビゲーション，処理には，METS[10]，MPEG-21[13]，SMIL[14] といった他の標準に従って記録された豊富な構造メタデータを必要とすることもしばしばだろう。この場合，構造メタデータを含むファイルはそれ自体保存されるべきファイル・オブジェクトとなるだろう。独立した構造メタデータのファイルが表現の一部として存在するかどうかにかかわらず，アーカイブされた表現が他のリポジトリに移されるときには，ファイルや表現を結びつけるメタデータが提供されるべきである。

メタデータの値の付与

　ほとんどの保存リポジトリは大量の資料を扱うことになるだろうから，メタデータの作成と利用はできる限り自動化することが望ましい。多くのPREMIS意味単位の値はプログラムでファイルを分析することによって取得できるし，あるいはリポジトリの受入プログラムで定数として付与することもできる。人間の介入が避けられないと思われる場合には，コード化された値を要する意味単位と文章による説明を許す二番目の意味単位とをペアにするようにした。

　リポジトリにオブジェクトを提出する個人または組織によって情報が提供されるとき，推奨される実践方法は，リポジトリが可能な限りプログラムによってこの情報を確かめるようにすることである。たとえば，仮にファイル名がファイル・タイプ拡張子を含んでいるとして，リポジトリはファイル拡張子が必然的にフォーマットを指示しているという前提に立つべきではなく，これをメタデータとして記録する前にファイルのフォーマット確認を試みるべきである。

　自動的な処理を容易にするため，多くのPREMIS意味単位では統制語彙の利用が推奨されている。PREMISではリポジトリが自分たちに有用な統制語彙を採用あるいは定義するものと想定している。データ辞書が示すのは，最善の実践方法は統制語彙の利用を要するであろうという場所である。値の案を示している場合もあるが，特定の統制語彙を要求するものではない。

　PREMIS編集委員会は，実装者が使用語彙を選ぶことができ，どの語彙が使われているかを特定できるべきだという結論に達した。適正な値が使用されていることを確認するかどうか，またどうやってそれを確認するかは実装上の留意事項である。PREMISデータ辞書第2.0版とともに，PREMIS意味単位とともに使う統制語彙を登録し，PREMISスキーマが取り込むことができるような形でそれらを公開する仕組みを，米国議会図書館の「PREMIS維持活動」が作り上げている。リポジトリはこれらを使ってもよいし自分たち自身のものを定義してもよいのだが，メタデータを交換のためにエクスポー

トするときには，それぞれの統制語彙の典拠は何かをはっきりさせるべきである。共通の語彙が使用され宣言されれば相互運用性は高まる。

　実装者は，交換の相手がメタデータの値として何を期待できるかを知ることができるよう，リポジトリで使われている統制語彙を記録することを選んでもよい。たとえば，METS[10]ユーザーはメタデータ中で使われる統制語彙をMETSプロファイルの中で特定してもよいし，あるいは同じものを記録するためにPREMISプロファイルが設定されてもよい。典拠を記録するための仕組みはPREMIS XMLスキーマで提供される。他のXML実装が使用統制語彙を宣言するための，あるいは特定の語彙に対して値を確認するための仕組みを開発するかもしれない。

　「情報資源記述のための枠組み」(RDF)においては，情報資源のURIを属性の値として使用することが奨励されているし，多くのXMLスキーマは属性値がURIであることを要求している[15]。たとえば，「XML署名構文および処理 (*XMLDsig*)」では，署名方法アルゴリズムの値は，"http://www.w3.org/2000/09/xmldsign#dsa-sha1"のようなURIでなくてはならない。

　一般に，注記によって禁止されていなければ，情報資源のURIはPREMISデータ辞書の意味単位の値として許される。しかしながら，作業グループは保存のためにこの方法の実践を推奨することにためらいがあった。URIの解決は，現在，普遍的ではあるが保存リポジトリのコントロール外にあるプロトコルに依存しているからである。また，わがグループが強く感じていたのは，長期保存のために必要な情報はすべてリポジトリ自体の内部に格納されているべきだということである。もしこの情報が保存オブジェクトとして格納されていれば，リポジトリの「オブジェクト識別子」によって参照できる。他の方法で格納された情報でもリポジトリの直接のコントロール下にあるはずである。したがって，データ辞書のほとんどの例が情報資源のURIではなくて値の名前である。上記の例と同じ意味を表す値は単に「DSA-SHA1」で，これは定数であって，その意味は，リポジトリ組織のコントロール下にある表あるいは他の文書を通して，リポジトリに周知されていると考えるべきである。

拡張性

　いくつかの意味単位についてデータ辞書は拡張の可能性を注記し，必要であれば，実装によって追加の独自メタデータを含めたり追加の構造やメタデータの粒度を提供したりすることができるようにした。そうした追加のメタデータを含めることは，関係データベースを利用した実装では比較的簡単である。しかしながら，PREMIS データ辞書およびスキーマの初版では，PREMIS スキーマを使う際にそうしたメタデータを含めるための仕組みが得られなかった。データ辞書第 2.0 版では，主要な拡張候補とみなされた少数の意味単位のスキーマ内に，正式な拡張のための仕組みを導入している。必要が認められれば，データ辞書の今後の改訂でこの最初の拡張可能な意味単位のセットに追加もあり得る。

　このスキーマにおいてまず拡張性がサポートされる意味単位のセットは次のとおりである。

・重要属性 significantProperties［オブジェクト・エンティティ］
・オブジェクト特性 objectCharacteristics［オブジェクト・エンティティ］
・作成アプリケーション creatingApplication［オブジェクト特性内，オブジェクト・エンティティ］
・環境 environment［オブジェクト特性内，オブジェクト・エンティティ］
・署名情報 signatureInformation［オブジェクト・エンティティ］
・イベント結果詳細 eventOutcomeDetail［イベント結果情報内，イベント・エンティティ］
・権利 rights［権利エンティティ］

　これらの意味単位はデータ辞書およびスキーマ内の拡張容器を利用することによって拡張されてもよい。データ辞書内では，上記の各意味単位のために定義された意味単位構成要素内に，それが拡張する容器名に「拡張」と付け加えられた拡張可能な容器として，対応する意味単位が指示されている。拡張は外部スキーマに従ってコード化されたメタデータを含んでもよい。

　また，新しい容器意味単位,〈オブジェクト特性の拡張〉がオブジェクト・

エンティティ内に作られ，PREMIS 内でフォーマット固有の技術メタデータを含めることができるようになった。

　拡張性のための仕組みを工夫するにあたって，PREMIS 編集委員会は容器である意味単位のみが拡張できるという原則を採用した。これによって PREMIS が定義した意味単位ならびに（または）PREMIS の外で定義された意味単位のための容器が利用できることとなるだろう。これは，〈イベント結果詳細〉の拡張を可能にするため，いくらか構造の変更（すなわち容器の追加）を要した。

　上記の拡張可能な意味単位によって拡張性の仕組みを活用するにあたっては，以下の原則に注意していただきたい。

・**拡張**容器は親容器（すなわち，拡張容器を含む容器）内の PREMIS 意味単位を補足または置き換えるために使うことができる。例外は〈オブジェクト特性の拡張〉で，これは〈オブジェクト特性〉を補足するのみである。
・**拡張**容器は既存の PREMIS 意味単位とともに使用して，PREMIS 意味単位を追加メタデータで補足することができる。
・**拡張**容器は既存の PREMIS 意味単位とは別に使用して，効果的に他の適用可能なメタデータで PREMIS 意味単位を置き換えることができる（〈オブジェクト特性の拡張〉を除く）。
・**拡張**容器の内容と既存の PREMIS 意味単位との間に 1 対 1 のマッピングが存在する場合，推奨される最良の実践方法は，拡張のものではなく対応する PREMIS 意味単位を使うことである。しかしながら，状況によっては，実装者は拡張のみを使うことを選択してもよい。
・もしどんな意味単位も使われないのであれば，空のスキーマ要素が含まれるより，省略されるべきである。
・もし**拡張**容器内の情報が明示的に PREMIS 単位と結びつけられる必要があるなら，親容器は適当な下位単位とともに繰り返される。もし複数の異なった外部スキーマからの拡張が必要なら，親容器もまた繰り返されるべきである。この場合，繰り返された親容器は，その親容器のための既存の

他の PREMIS 意味単位を伴うあるいは伴わない拡張容器を含んでもよい。
・**拡張**容器が使われるとき，拡張容器内で使われる外部スキーマは宣言されなければならない。

PREMIS における日時のフォーマット

　日付あるいは日時の使用を規定するすべての意味単位は，機械処理を助けるため，構造化された形の使用を示唆している。実装に依存しないという立場を保つため，データ辞書は特定の標準の使用を定めない。いくつかの場合，無期限とか疑問のある日付といった，時間の他の側面を表現するために慣行が必要となる。PREMIS XML スキーマの第 2.0 版は日時のフォーマットを規定し，そうした慣行を確立する。これらは必要なときに使うことが推奨される。以下は日付や日時を含むであろう意味単位である。

・保存レベル割当日 preservationLevelDateAssigned（保存レベル preservationLevel の下）
・アプリケーションによる作成日 dateCreatedByApplication（作成アプリケーション creatingApplication の下）
・イベント日時 eventDateTime（イベント Event の下）
・著作権の状態の決定日 copyrightStatusDeterminationDate（著作権情報 copyrightInformation の下）
・法令情報決定日 statuteInformationDeterminationDate（法令情報 statuteInformation の下）
・開始日 startDate（許諾期間 termOfGrant の下）
・終了日 endDate（許諾期間 termOfGrant の下）

PREMIS データ辞書 第 2.0 版

　PREMIS データ辞書は，オブジェクト，イベント，エージェント，権利に関する意味単位を収録している。データ・モデルの 5 番目のエンティティ，知的エンティティは対象外とした。というのもこれには記述メタデータがふさわしいからである。各記入テンプレートは，その意味単位をどのように作成あるいは使用するかについての注記を含んでいる。中には意味単位の定義の理由，あるいはグループの審議の中で起こった問題などの追加情報が有用だと感じた場合がある。これらの詳細については，170 ページの「個別の論点」を参照していただきたい。

　意味単位構成要素はそれを含む意味単位の適用性を常に受け継ぐ。すなわち，もしそれを含む意味単位がファイルには適用できるが表現には適用できないとしたら，各意味単位構成要素もファイルには適用できるが表現には適用できない。しかしながら，繰り返し可能性や義務は異なることもあり得る。

　データ辞書の各記入は以下のような意味単位の属性を提供する。

- **意味単位の名前**：名前は記述的でデータ辞書内ではただ一つであるように工夫した。これらの名前を保存リポジトリ間のメタデータ交換に使うことで相互運用性が高まるだろう。個々の保存リポジトリ内部ではこれらの名前を使う必要はない。
- **意味単位構成要素**：各意味単位構成要素はそれ自身の記入がデータ辞書の後の方で出てくる。意味単位構成要素を持つ意味単位はそれ自身はどんな値も持たない。最下位レベルの意味単位だけが値を持つ。
- **定義**：その意味単位の意味。
- **設定理由**：なぜその意味単位が必要とされるか（定義から自明でない場合）。
- **データの制約**：意味単位の値がどのようにコード化されるべきか。一般的なデータの制約の例：

〈容器〉— 意味単位が二つ以上の意味単位構成要素の傘であってそれ自身の値を持たない。
〈なし〉— 意味単位はどんな形の値も取り得る。
〈値は統制語彙から取得されるべきである〉— 保存リポジトリは自分たちに有用で意味がある値の典拠リストを作り上げるべきである。PREMIS はこの典拠リストがどのようなものであるべきか特に指定することはないし，異なったリポジトリでは異なった語彙を使うだろうということが前提である。一般に，データが統制語彙からとられたとき，語彙の出所が記録されるべきである。出所を記録する仕組みは PREMIS XML スキーマで提供される。

- **オブジェクト・カテゴリ**：その単位が表現，ファイル，あるいはビットストリーム・オブジェクトに適用されるかどうか。ファイルに適用される意味単位はファイルストリームにも適用される（27 ページ参照）。
- **適用**：適用「可」というのはオブジェクトのそのカテゴリに適用されることを意味する。
- **例**：意味単位がとり得る値の 1 つ以上の例。例は説明となるものであることが意図されている。

  実際の値の例は通常のテキストで示されている。角括弧内のテキストは，値そのものではなく値の記述を示す。たとえば，「SHA-1 メッセージ・ダイジェスト」は意味単位の実際の値を表しているが，「[SHA-1 メッセージ・ダイジェスト]」は，意味単位の値が "7c9b35da4f2ebd436f1cf88e5a39b3a257edf4a22be3c955ac49da2e2107b67a1924419563" のような SHA-1 形式のメッセージ・ダイジェストであることを意味する。

- **繰り返し**：繰り返し「可」と指定された意味単位は複数の値をとることができる。これはリポジトリが複数の具体値を記録しなければならないという意味ではない。
- **義務**：意味単位の値が必須（もし適用可能なら）かそれとも任意か。

  必須の意味単位とは保存リポジトリが知る必要があることで，リポジトリ

がそれをどのように記録するか，あるいは記録するかどうか，は別問題である。リポジトリは何か他の方法（例：リポジトリの業務規則）で知ることができる場合は，明示的にその意味単位の値を記録しなくてもよいかもしれない。「必須」は実際には「もし適用可能なら必須」の意味である。たとえば，ビットストリームの識別子はリポジトリがビットストリームのレベルでデータを管理している場合にのみ必須である。PREMIS 準拠のメタデータを他のリポジトリと交換するとき，必須の意味単位の値は常に提供されなければならない。

オプションの意味単位の値は推奨されるが要求はされない。

もし容器単位はオプションだが，その容器内の意味単位構成要素は必須だとしたら，その意味単位構成要素は容器単位が存在する場合にのみ付与されなくてはならない。すなわち，もし容器内のオプションあるいは必須の意味単位のどれかに値が付与されるとしたら，容器内の必須の意味単位すべてに対して値が付与されなければならない。

・**作成／維持注記**：意味単位の値がどのように獲得され，更新され得るかについての注記。

・**使用法注記**：意味単位の意図された使用法，あるいは定義の明確化についての情報。

データ辞書の視野の範囲

記述メタデータ：典型的には，記述メタデータは知的エンティティを記述するために用いられる。ほとんどすべての保存リポジトリが記述メタデータを保持しているか，あるいはリポジトリ自体の外にある記述メタデータにリンクしている。そうしたメタデータは，作成者やタイトルといった出版情報によって資源を同定するかもしれないし，あるいは分類，主題語等を通してその知的内容を描写するのかもしれない。記述メタデータはアーカイブされた資源の発見と保存計画立案の際に意思決定者を支援することの両方にとっ

て重要ということもあり得る。しかしながら，二つの理由で，このデータ辞書は記述メタデータには焦点を当てない。

第一に，記述メタデータは既存の標準によって十分検討されている。MARC[16]，MODS[17]，ダブリン・コア・メタデータ要素セット[11]，デジタル地理空間メタデータのための内容標準[18]，VRAコア[19]，コード化アーカイブ記述（EAD）[20]，データ・ドキュメンテーション・イニシアティブ[21]のスキーマなどは，記述メタデータの要素を定義する標準のうちのほんのいくつかにすぎない。わが作業グループはすでに込み合っているところにさらに別の記述メタデータのセットを付け加えたいとは思わなかった。第二に，記述メタデータはしばしば領域に固有である。保存の諸目的には，共通の要素セットが，たとえば，衛星遠隔測定法とデジタルのピカソ作品を記述するのはあまり意味がない。それより，同じ関心を持つコミュニティ群が自分たちの資料や関心を的確に反映した形で情報を捕捉したり交換したりできる方がよい。

エージェント：PREMISはエージェントの特徴を詳細に定義しない。エージェントとして働くことができる人々，組織，その他のエンティティを記述するメタデータは，MARC[16]，vCard[22]，MADS[23]のような，多くの既存のフォーマットや標準において定義されてきたし，いくつか他の体系も現在策定されつつある。保存リポジトリがその管理下のオブジェクトに働きかけたエージェントをきちんと識別できさえすれば，エージェントの特性の追加はそれぞれの要求によって決定されることになるだろう。既存の標準メタデータ要素セットに沿って多くのモデル化が可能である。

権利：PREMISは保存活動に関する権利と許諾の特性を定義するだけで，アクセスや配布に結びついたものは定義しない。この改訂では権利情報に使われる意味単位を広げ，外部の権利メタデータ体系を使用するための拡張性を持たせた。

技術メタデータ：技術メタデータはデジタル・オブジェクトの知的特性ではなく物理的特性を記述する。詳細な，フォーマット固有の技術メタデータは，ほとんどの保存戦略を実践するのに，明らかに必要なものだが，わがグ

ループにはさまざまなタイプのデジタル・ファイルのためのフォーマット固有の技術メタデータに取り組む時間も専門知識もなかった。したがって，データ辞書に収録する技術メタデータは，あらゆるフォーマットのオブジェクトに適用できると確信された意味単位に限った。技術メタデータのさらなる策定はフォーマットの専門家に委ねる。拡張の仕組みが，〈オブジェクト特性の拡張〉という意味単位を含めることによって，提供されている。これは外部の技術メタデータの体系とともに使用できる。

　媒体あるいはハードウェアの詳細：わが作業グループは媒体あるいはハードウェアの詳細な記録のためにメタデータを定義しようとしたわけではない。たとえば，PREMIS はオブジェクトが格納される媒体を識別するための意味単位を定義している。保存リポジトリはおそらく，採用された媒体について，もっと詳細な情報を知りたいことだろう。たとえば，もしリポジトリがデータを DVD に格納するとしたら，製造業者，記録色素物質，記録色素の厚さなどといった，特定の DVD 装置の特定の技術的特性を知る必要があるかもしれない。PREMIS は媒体およびハードウェアの特性を記述するメタデータの定義はその領域の専門家に委ねる。

　業務規則：わが作業グループはリポジトリの業務規則を記述しようという試みは行わなかったのだが，確かにこのメタデータはリポジトリ内部では保存に欠かせないものである。業務規則は保存戦略の適用を成文化し，リポジトリの方針，サービス，任務，役割を記録したものである。保持期間，処分方法，危険度査定，永続性評価，媒体更新のスケジュールなどはオブジェクトに関連するが，「オブジェクト」の実際の属性ではない。ただ一つの例外はオブジェクトに与えられた保存取り扱いのレベル（〈保存レベル〉）で，これはどの保存リポジトリにも重要な情報であると感じられたため採用された。「権利」と同じように「規則」エンティティを定義することによって，業務規則をもっときちんとした扱いでデータ・モデルに付け加えることも可能だっただろう。しかし，これは今回の改訂では見送られた。

オブジェクト・エンティティ

オブジェクト・エンティティは保存リポジトリに所蔵されているデジタル・オブジェクトについての情報を統合し，それらの保存管理に関する特性を記述する。

あらゆるカテゴリのオブジェクト（表現，ファイル，ビットストリーム）に適用される必須の意味単位は〈オブジェクト識別子〉のみである。

エンティティのタイプ

- **表現**：「知的エンティティ」を具体化あるいは体現するデジタル・オブジェクト。表現は，知的エンティティの完全で妥当な解釈を提供するために必要な，蓄積されたデジタル・ファイルと構造メタデータのセットである。
- **ファイル**：オペレーティング・システムが知る名前のついた順序付けられたバイトの連続。
- **ビットストリーム**：ファイル内の隣接または非隣接のデータで保存目的にとって意味のある属性を持っているもの。

エンティティの属性

- 一つ以上の権利文書と結びつき得る。
- 一つ以上のイベントに参加できる。
- 一つ以上のエージェントに関係し得る。

エンティティの意味単位

1.1 オブジェクト識別子 objectIdentifier （M, R）
  1.1.1 オブジェクト識別子タイプ objectIdentifierType （M, NR）
  1.1.2 オブジェクト識別子値 objectIdentifierValue （M, NR）
1.2 オブジェクト・カテゴリ objectCategory （M, NR）
1.3 保存レベル preservationLevel （O, R）［表現，ファイル］

1.3.1 保存レベル値 preservationLevelValue（M, NR）［表現，ファイル］

1.3.2 保存レベルの役割 preservationLevelRole（M, NR）［表現，ファイル］

1.3.3 保存レベル設定理由 preservationLevelRationale（M, NR）［表現，ファイル］

1.3.4 保存レベル割当日 preservationLevelDateAssigned（M, NR）［表現，ファイル］

1.4 重要属性 significantProperties（O, R）

  1.4.1 重要属性タイプ significantPropertiesType（O, NR）

  1.4.2 重要属性値 significantPropertiesValue（O, NR）

  1.4.3 重要属性の拡張 significantPropertiesExtension（O, R）

1.5 オブジェクト特性 objectCharacteristics（M, R）［ファイル，ビットストリーム］

  1.5.1 構成レベル compositionLevel（M, NR）［ファイル，ビットストリーム］

  1.5.2 不変性 fixity（O, R）［ファイル，ビットストリーム］

    1.5.2.1 メッセージ・ダイジェスト・アルゴリズム messageDigestAlgorithm（M, NR）［ファイル，ビットストリーム］

    1.5.2.2 メッセージ・ダイジェスト messageDigest（M, NR）［ファイル，ビットストリーム］

    1.5.2.3 メッセージ・ダイジェスト発信者 messageDigestOriginator（O, NR）［ファイル，ビットストリーム］

  1.5.3 大きさ size（O, NR）［ファイル，ビットストリーム］

  1.5.4 フォーマット format（M, R）［ファイル，ビットストリーム］

    1.5.4.1 フォーマット表示記号 formatDesignation（M, R）［ファイル，ビットストリーム］

      1.5.4.1.1 フォーマット名 formatName（M, NR）［ファイル，ビットストリーム］

      1.5.4.1.2 フォーマットの版 formatVersion（O, NR）［ファイル，ビットストリーム］

1.5.4.2 フォーマット登録簿 formatRegistry（O, NR）［ファイル，ビットストリーム］

 1.5.4.2.1 フォーマット登録簿名 formatRegistryName（M, NR）［ファイル，ビットストリーム］

 1.5.4.2.2 フォーマット登録簿の鍵 formatRegistryKey（M, NR）［ファイル，ビットストリーム］

 1.5.4.2.3 フォーマット登録簿の役割 formatRegistryRole（O, NR）［ファイル，ビットストリーム］

1.5.4.3 フォーマット注記 formatNote（O, R）［ファイル，ビットストリーム］

1.5.5 作成アプリケーション creatingApplication（O, R）［ファイル，ビットストリーム］

 1.5.5.1 作成アプリケーション名 creatingApplicationName（O, NR）［ファイル，ビットストリーム］

 1.5.5.2 作成アプリケーションの版 creatingApplicationVersion（O, NR）［ファイル，ビットストリーム］

 1.5.5.3 アプリケーションによる作成日 dateCreatedByApplication（O, NR）［ファイル，ビットストリーム］

 1.5.5.4 作成アプリケーションの拡張 creatingApplicationExtension（O, R）［ファイル，ビットストリーム］

1.5.6 抑制因子 inhibitors（O, R）［ファイル，ビットストリーム］

 1.5.6.1 抑制因子タイプ inhibitorType（M, NR）［ファイル，ビットストリーム］

 1.5.6.2 抑制対象 inhibitorTarget（O, R）［ファイル，ビットストリーム］

 1.5.6.3 抑制因子の鍵 inhibitorKey（O, NR）［ファイル，ビットストリーム］

1.5.7 オブジェクト特性の拡張 objectCharacteristicsExtension（O, R）［ファイル，ビットストリーム］

1.6　元の名 originalName（O, NR）［表現，ファイル］
1.7　記憶装置 storage（M, R）［ファイル，ビットストリーム］
　1.7.1　内容の位置 contentLocation（O, R）［ファイル，ビットストリーム］
　　1.7.1.1　内容の位置のタイプ contentLocationType（M, NR）［ファイル，ビットストリーム］
　　1.7.1.2　内容の位置の値 contentLocationValue（M, NR）［ファイル，ビットストリーム］
　1.7.2　記憶媒体 storageMedium（O, NR）［ファイル，ビットストリーム］
1.8　環境 environment（O, R）
　1.8.1　環境特性 environmentCharacteristic（O, NR）
　1.8.2　環境の目的 environmentPurpose（O, R）
　1.8.3　環境注記 environmentNote（O, R）
　1.8.4　依存性 dependency（O, R）
　　1.8.4.1　依存性名 dependencyName（O, R）
　　1.8.4.2　依存性識別子 dependencyIdentifier（O, R）
　　　1.8.4.2.1　依存性識別子タイプ dependencyIdentifierType（M, NR）
　　　1.8.4.2.2　依存性識別子値 dependencyIdentifierValue（M, NR）
　1.8.5　ソフトウェア software（O, R）
　　1.8.5.1　ソフトウェア名 swName（M, NR）
　　1.8.5.2　ソフトウェアの版 swVersion（O, NR）
　　1.8.5.3　ソフトウェアのタイプ swType（M, NR）
　　1.8.5.4　ソフトウェアの他の情報 swOtherInformation（O, R）
　　1.8.5.5　ソフトウェアの依存性 swDependency（O, R）
　1.8.6　ハードウェア hardware（O, R）
　　1.8.6.1　ハードウェア名 hwName（M, NR）
　　1.8.6.2　ハードウェアのタイプ hwType（M, NR）
　　1.8.6.3　ハードウェアの他の情報 hwOtherInformation（O, R）
　1.8.7　環境の拡張 environmentExtension（O, R）

1.9 署名情報 signatureInformation（O, R）［ファイル，ビットストリーム］
　1.9.1 署名 signature（O, R）
　　1.9.1.1 署名コード化方式 signatureEncoding（M, NR）［ファイル，ビットストリーム］
　　1.9.1.2 署名者 signer（O, NR）［ファイル，ビットストリーム］
　　1.9.1.3 署名方法 signatureMethod（M, NR）［ファイル，ビットストリーム］
　　1.9.1.4 署名値 signatureValue（M, NR）［ファイル，ビットストリーム］
　　1.9.1.5 署名検証ルール signatureValidationRules（M, NR）［ファイル，ビットストリーム］
　　1.9.1.6 署名属性 signatureProperties（O, R）［ファイル，ビットストリーム］
　　1.9.1.7 鍵情報 keyInformation（O, NR）［ファイル，ビットストリーム］
　1.9.2 署名情報の拡張 signatureInformationExtension（O, R）［ファイル，ビットストリーム］
1.10 関係 relationship（O, R）
　1.10.1 関係タイプ relationshipType（M, NR）
　1.10.2 関係サブタイプ relationshipSubType（M, NR）
　1.10.3 関係オブジェクト識別 relatedObjectIdentification（M, R）
　　1.10.3.1 関係オブジェクト識別子タイプ relatedObjectIdentifierType（M, NR）
　　1.10.3.2 関係オブジェクト識別子値 relatedObjectIdentifierValue（M, NR）
　　1.10.3.3 関係オブジェクトの順序 relatedObjectSequence（O, NR）
　1.10.4 関係イベント識別 relatedEventIdentification（O, R）
　　1.10.4.1 関係イベント識別子タイプ relatedEventIdentifierType（M, NR）
　　1.10.4.2 関係イベント識別子値 relatedEventIdentifierValue（M, NR）
　　1.10.4.3 関係イベントの順序 relatedEventSequence（M, NR）

1.11　リンクするイベントの識別子 linkingEventIdentifier（O, R）
　1.11.1　リンクするイベントの識別子タイプ linkingEventIdentifierType（M, NR）
　1.11.2　リンクするイベントの識別子値 linkingEventIdentifierValue（M, NR）
1.12　リンクする知的エンティティの識別子 linkingIntellectualEntityIdentifier（O, R）
　1.12.1　リンクする知的エンティティの識別子タイプ linkingIntellectualEntityIdentifierType（M, NR）
　1.12.2　リンクする知的エンティティの識別子値 linkingIntellectualEntityIdentifierValue（M, NR）
1.13　リンクする権利文書の識別子 linkingRightsStatementIdentifier（O, R）
　1.13.1　リンクする権利文書の識別子タイプ linkingRightsStatementIdentifierType（M, NR）
　1.13.2　リンクする権利文書の識別子値 linkingRightsStatementIdentifierValue（M, NR）

（訳注：原著には表示がないが，M は必須，O は任意，R は繰り返し可，NR は繰り返し不可を意味すると考えられる。）

意味単位	1.1 オブジェクト識別子 objectIdentifier
意味単位構成要素	1.1.1 オブジェクト識別子タイプ objectIdentifierType 1.1.2 オブジェクト識別子値 objectIdentifierValue
定義	オブジェクトが格納されている保存リポジトリ・システム内でオブジェクトを一意に同定識別するために使用される表示記号。
設定理由	保存リポジトリに所蔵されているそれぞれのデータ・オブジェクトは，記述メタデータ，技術メタデータ，その他のメタデータへの関係づけのため，一意となる識別子を持たなければならない。
データの制約	容器

オブジェクト・カテゴリ	表現	ファイル	ビットストリーム
適用	可	可	可
繰り返し	可	可	可
義務	必須	必須	必須

作成／維持注記	識別子は受入の際リポジトリ・システムによって作成されるかもしれないし，あるいはリポジトリの外で作成または割当がなされ，オブジェクトとともにメタデータとして提出されるかもしれない。同様に，識別子は自動的にも，あるいは人手によっても生成され得る。推奨される実践方法は，リポジトリによって自動的に作成された識別子を第一の識別子として使うことである。これは識別子が確実に一意で，リポジトリに使用可能なようにするためである。外で割り当てられた識別子は，二次的な識別子として，リポジトリ外で保持されている情報にオブジェクトをリンクするために使うことができる。
使用法注記	もし保存リポジトリが上記のレベル（すなわち，表現，ファイル，ビットストリーム）でオブジェクトを格納・管理するのであれば，〈オブジェクト識別子〉は必須である。 〈オブジェクト識別子〉はリポジトリで割り当てられたものと外部で割り当てられたものの両方が記録できるようにするため繰り返し可である。上記作成／維持注記を参照のこと。識別子はリポジトリ内で一意でなくてはならない。既存のもので，他のデジタル・オブジェクト管理システムで使用中であってもよい。複数オブジェクトのクラスを識別するのに使われる識別子（たとえば，ISBN が同じ版のすべての本を識別するような具合の）は，保存リポジトリの状況では識別子として受け入れられない。ここではリポジトリ中の特定のオブジェクトを識別しなければならないからである。

	保存リポジトリはオブジェクト識別子のタイプと値の両方を知る必要がある。もし値自体が識別子のタイプを含んでいる（たとえば，"oai:lib.uchicago.edu:1"）のであれば，識別子のタイプは明示的に記録される必要はない。同様に，もしリポジトリがただ一つのタイプの識別子しか使わないのであれば，このタイプを前提とすることができ，明示的に記録する必要はない。 永続的な識別子が用いられるべきだが，どの識別子体系にするかは実装において決定すべきことである。

意味単位	1.1.1 オブジェクト識別子タイプ objectIdentifierType		
意味単位構成要素	なし		
定義	その内部でオブジェクト識別子が一意である領域の表示記号。		
設定理由	識別子の値は領域を越えて一意であると想定することはできない。〈オブジェクト識別子タイプ〉と〈オブジェクト識別子値〉の組合せが一意性を保証すべきである。		
データの制約	値は統制語彙からとられるべきである。		
オブジェクト・カテゴリ	表現	ファイル	ビットストリーム
適用	可	可	可
例	DLC DRS hdl:4263537	DLC DRS hdl:4263537	DLC DRS hdl:4263537
繰り返し	不可	不可	不可
義務	必須	必須	必須
使用法注記	識別子のタイプはリポジトリ内部では暗黙の了解でもよい。ただしデジタル・オブジェクトがリポジトリの外部に配布されるときには明示的に伝達できるようにしておかなくてはならない。		

意味単位	1.1.2 オブジェクト識別子値 objectIdentifierValue		
意味単位構成要素	なし		
定義	〈オブジェクト識別子〉の値。		
データの制約	なし		
オブジェクト・カテゴリ	表現	ファイル	ビットストリーム
適用	可	可	可
例	0000000312	IU2440 WAC1943.56 AMNH CD269/CD269/70/10596.PCD CDS-VDEP-2002 11119-24879.734 1001/dig/pres/2004-024 http://nrs.harvard.edu/urn-3:FHCL.Loeb:sa1	IU2440-1 IU2440-2
繰り返し	不可	不可	不可
義務	必須	必須	必須

意味単位	1.2 オブジェクト・カテゴリ objectCategory		
意味単位構成要素	なし		
定義	メタデータが適用されるオブジェクトのカテゴリ。		
設定理由	保存リポジトリは，メタデータやデータ管理機能に関して，異なったカテゴリのオブジェクト（表現，ファイル，ビットストリーム）を別々に取り扱うと思われる。		
データの制約	値は統制語彙から取得されるべきである。		
オブジェクト・カテゴリ	表現	ファイル	ビットストリーム
適用	可	可	可
例	表現	ファイル	ビットストリーム
繰り返し	不可	不可	不可
義務	必須	必須	必須
使用法注記	値の案：表現 representation，ファイル file，ビットストリーム bitstream。 ファイルストリームはファイルとみなされるべきである。		

意味単位	1.3 保存レベル preservationLevel
意味単位構成要素	1.3.1 保存レベル値 preservationLevelValue 1.3.2 保存レベルの役割 preservationLevelRole 1.3.3 保存レベル設定理由 preservationLevelRationale 1.3.4 保存レベル割当日 preservationLevelDateAssigned
定義	オブジェクトへの適用が期待される保存機能の集合に関する決定あるいは方針およびそうした決定や方針が行われる状況を指示する情報。
設定理由	いくつかの保存リポジトリでは，資料の価値あるいはユニークさ，フォーマットの「保存可能性」，顧客が払う意思のある金額，などといった要素に応じて，複数の保存オプションを提供するだろう。あるオブジェクトに対する特定の保存オプションの選択を取り巻く状況についてもさらなる説明が必要かもしれない。
データの制約	容器

オブジェクト・カテゴリ	表現	ファイル	ビットストリーム
適用	可	可	不可
繰り返し	可	可	
義務	任意	任意	

作成／維持注記	保存レベルはリポジトリによって割り当てられてもよいし，寄託者が要求し，メタデータとして提出されてもよい。リポジトリはまた〈保存レベル〉の割当に関する状況を示す追加のメタデータを記録することを選択してもよい。
使用法注記	もしリポジトリがただ一つの保存レベルしか提供しないとしたら，この値はリポジトリ内では明示的に記録される必要はない。 〈保存レベル〉意味単位の特定の集合の適用は，あるオブジェクトの単一の表現をカバーするだけでもよい。他の技術的な形の表現あるいは他の機能を提供する表現は異なった〈保存レベル〉が適用されるだろう。 この容器は，ある保存レベルの値が追加の状況で記録される必要があるなら繰り返し可能である（〈保存レベルの役割〉参照，67 ページ）。

意味単位	1.3.1 保存レベル値 preservationLevelValue
意味単位構成要素	なし
定義	オブジェクトに適用されることが期待される保存機能の集合を示す値。
設定理由	いくつかの保存リポジトリでは，資料の価値あるいはユニークさ，フォーマットの「保存可能性」，顧客が払う意思のある金額，などといった要素に応じて，複数の保存オプションを提供するだろう。
データの制約	値は統制語彙から取得されるべきである。

オブジェクト・カテゴリ	表現	ファイル	ビットストリーム
適用	可	可	不可
例	ビット・レベル 完全 0 1 2	ビット・レベル 完全 0 将来の移行で完全にサポート	
繰り返し	不可	不可	
義務	必須	必須	

作成／維持注記	保存レベルはリポジトリによって割り当てられてもよいし，寄託者が要求し，メタデータとして提出されてもよい。
使用法注記	〈保存レベル〉ごとにただ一つの〈保存レベル値〉が記録できる。もしさらに別の〈保存レベル値〉が異なった状況において当該オブジェクトに適用されるとしたら，別の〈保存レベル〉容器が繰り返されるべきである。

意味単位	1.3.2 保存レベルの役割 preservationLevelRole		
意味単位構成要素	なし		
定義	保存オプションの集合が適用できる状況を示した値。		
設定理由	保存リポジトリは区別されなければならない異なった状況で〈保存レベル値〉を割り当てるかもしれず，二つ以上の状況を記録する必要があるかもしれない。		
データの制約	値は統制語彙から取得されるべきである。		
オブジェクト・カテゴリ	表現	ファイル	ビットストリーム
適用	可	可	不可
例	要求 requirement 意図 intention 能力 capability	要求 requirement 意図 intention 能力 capability	
繰り返し	不可	不可	
義務	任意	任意	
使用法注記	このオプションの意味単位は現在の保存レベル容器内の〈保存レベル値〉が適用される意味または状況を指定する。 たとえば，あるリポジトリではオブジェクト X（フォーマット F）を「完全に保存する」義務が規定されているが，今のところ「ビットレベルで」フォーマット F のオブジェクトを保存することができるだけであるとしよう。このリポジトリは要求あるいは意図された保存のレベル（例：〈保存レベルの役割〉="要求"）および現在の能力（例：〈保存レベルの役割〉="能力"）の両方を記録する必要があるだろう。 資料の管理責任があるリポジトリから別のリポジトリに移るにあたって，受ける側のリポジトリにとって〈保存レベル値〉が理解されるべき意味を知ることがまた重要である。受ける側のリポジトリは，送る側のリポジトリが有していた保存「能力」レベルを知る必要はないだろう（これは自身の能力とほとんど無関係だろうから）が，責任を負うことになった資料に関するすべての「要求」保存レベルは知る必要がある。 リポジトリが〈保存レベル値〉を単一の意味や状況でしか与えていない場合でも，明確化のため〈保存レベルの役割〉を指定するのはよい実践方法である。もし二つ以上の〈保存レベル〉が記録されるのであれば，〈保存レベルの役割〉は常に付与されるべきである。 もし同じオブジェクトに対して二つ以上の意味や状況が表される必要があるなら（例：「要求」と「能力」の両方が記録される），別の〈保存レベル〉容器が使われるべきである。		

意味単位	1.3.3 保存レベル設定理由 preservationLevelRationale		
意味単位構成要素	なし		
定義	特定の〈保存レベル値〉がオブジェクトに適用された理由。		
設定理由	特定の〈保存レベル値〉の適用にはそれを正当とする理由が要求されるだろう。特にそれが普段リポジトリの方針に従って適用されるものと異なる場合は。		
データの制約	なし		
オブジェクト・カテゴリ	表現	ファイル	ビットストリーム
適用	可	可	不可
例	利用料金あり 規定	欠陥ファイル このフォーマットはビットレベル保存のみ可	
繰り返し	可	可	
義務	任意	任意	
使用法注記	このオプションの意味単位は〈保存レベル値〉を適用した理由を記録する。 この情報は与えられた〈保存レベル値〉が通常のリポジトリの方針と異なるとき特に重要となり得る。 たとえば,あるリポジトリは普通 JPEG2000 ファイルに対して「完全保存」という〈保存レベル値〉を割り当てるのだが,あるファイルに欠陥があることを探知したとする。これはこのリポジトリの JPEG2000 に対する保存戦略がこの特定のファイルに対しては有効ではないかもしれないことを意味し,したがってリポジトリはこのファイルに「ビットレベル保存」という〈保存レベル値〉を割り当て,その理由として「欠陥ファイル」と記録することになろう。 同様に,規定や契約によって,ある特定のオブジェクトに対し,通常の方針に従えばそのクラスのオブジェクトに割り当てられるであろうレベルよりも高い保存レベルが要求されるかもしれない。この場合,この割り当ての理由として,たとえば,「規定」とか「利用料金あり」といったふうに記録されるであろう。 〈保存レベル設定理由〉は,二つ以上の理由が記録される必要があるなら,繰り返し可能である。		

意味単位	1.3.4 保存レベル割当日 preservationLevelDateAssigned
意味単位構成要素	なし
定義	オブジェクトに特定の〈保存レベル値〉が割り当てられた日付，または日時。
設定理由	あるオブジェクトに適用される保存レベルは時とともに，そのオブジェクトに関するリポジトリの保存要求，方針，能力の変化に応じて，見直され変更されると予測される。現在の〈保存レベル値〉が割り当てられた日付は判断の見直しに役立つ。
データの制約	機械処理を助けるため，値は構造化された形をとるべきである。PREMIS準拠のメタデータの交換を容易にするため，標準的な規約，たとえばPREMISスキーマ中の日付要素で用いられているようなものが推奨される。
オブジェクト・カテゴリ	表現	ファイル	ビットストリーム
適用	可	可	不可
例	2007-11-05 2007-11-05T08:15:30-05:00 20080315	2007-11-05 2007-11-05T08:15:30-05:00 20080315	
繰り返し	不可	不可	
義務	任意	任意	

意味単位	1.4 重要属性 significantProperties
意味単位構成要素	1.4.1 重要属性タイプ significantPropertiesType 1.4.2 重要属性値 significantPropertiesValue 1.4.3 重要属性の拡張 significantPropertiesExtension
定義	ある特定のオブジェクトの，保存活動を通して維持することが重要だと主観的に決定された特性。
設定理由	同じ技術的属性を持つオブジェクトでも，将来の提示あるいは利用のために保存されるべき属性に関しては異なる可能性がある。
データの制約	容器

オブジェクト・カテゴリ	表現	ファイル	ビットストリーム
適用	可	可	可
繰り返し	可	可	可
義務	任意	任意	任意

作成／維持注記	重要属性はあるクラスのすべてのオブジェクトに関係するかもしれない。たとえば，リポジトリはすべてのPDFファイルに対して，保存が必要なのは内容のみといった決定を下すことができる。他の場合，たとえば，メディア・アートでは，重要属性は個々のオブジェクトに固有のものかもしれない。値が固有のものである場合，提出者によって提供されるか，リポジトリの資料管理スタッフによって付与されなければならない。
使用法注記	この意味単位の下位単位はすべてオプションである。もしこの容器が含まれるのであれば，下位単位の〈重要属性値〉と〈重要属性の拡張〉のうち少なくとも一つが存在しなくてはならない。あるいは両方が使用されてもよい。 重要属性は主観的に重要だとみなされる客観的技術特性でもよいし，主観的に決定された特性でもよい。たとえば，あるPDFファイルは重要とはみなされないリンクと重要とみなされるJavaScriptを含んでいるかもしれない。あるいはTIFF画像の将来の移行には線の透明度あるいは色についての最適化が要求されるかもしれない。オプションの選択は画像の重要属性についての資料管理上の判断に依存するだろう。 重要属性のリスト化はリポジトリがこれらの属性を時を越えて保存するよう計画していることを意味し，それらが保存活動に耐え，許容範囲内で残存することを要求している。たとえば，エミュレーションの間あるいはフォーマット移行の後にも維持されているということである。これはまた，保存活動が重要属性の変更という結果につながるようなときは，リポジトリが注記するということも意味する。

実践では，重要属性は保存の成功の尺度として使われることも可能である。保存活動の結果の品質チェックの一部として，あるいは保存方法の有効性の評価として。たとえば，もし列挙された重要属性がある保存方法の適用後に維持されなくなっているとしたら，そのプロセスの失敗，あるいはその方法が資料のタイプに適合していないことを示唆するだろう。

重要属性一般を表現し，重要属性の修正を表現する最善の方法を決めるためには，デジタル保存についてもっと多くの経験が必要とされる。

〈重要属性〉容器に含まれる意味単位は重要属性を記述するための柔軟な構造を提供することを狙いとし，オブジェクトの側面，様相，属性の一般的なタイプが宣言され，その側面，様相，属性に関するオブジェクトについての特有の重要な詳細と結びつけることができるようにしている。

たとえば，いくつかのリポジトリではオブジェクトの内容，外観，構造，振る舞い，状況といった側面に関する重要属性を定義するかもしれない。この場合，側面：詳細のペアの例には次のようなものが含まれるだろう。

　〈重要属性タイプ〉＝「内容」
　〈重要属性値〉＝「すべてのテキスト内容と画像」
　〈重要属性タイプ〉＝「振る舞い」
　〈重要属性値〉＝「編集可能」

別のリポジトリはもっと粒の細かい属性レベルで重要属性を記述することを選択するかもしれない。たとえば，

　〈重要属性タイプ〉＝「ページ数」
　〈重要属性値〉＝「7」
　〈重要属性タイプ〉＝「ページ幅」
　〈重要属性値〉＝「210mm」

おのおのの「側面：詳細」ペアは別の，繰り返された〈重要属性〉容器の中に格納されるべきである。

重要属性の決定や記述に関するさらなる研究から一般的な記述を容易にするためのより詳細な仕組みが生まれるかもしれない。

保存活動の結果としての重要属性の変更を表現することに関してもさらなる研究を要する。一つ考えられる方法は「オブジェクト」と「イベント」情報の利用である。オブジェクトAはボリュームとタイミングという重要属性を持ち，Aの〈重要属性〉として記録される。移行後の版Bにおいてタイミングが変更され，それは移行イベントの〈イベント結果〉に注記される。ボリュームのみがBの重要属性としてリストに記される。

意味単位	1.4.1 重要属性タイプ significantPropertiesType		
意味単位構成要素	なし		
定義	重要属性が記述されているオブジェクトの様相，側面，あるいは属性。		
設定理由	リポジトリはオブジェクトの特定の様相あるいは側面に基づいて重要属性を記述することを選択するかもしれない。		
データの制約	なし		
オブジェクト・カテゴリ	表現	ファイル	ビットストリーム
適用	可	可	可
例	内容 構造 振る舞い ページ数 ページ幅 活字書体 ハイパーリンク 画像数	内容 構造 振る舞い ページ数 ページ幅 活字書体	［埋め込まれた画像について］色空間
繰り返し	不可	不可	不可
義務	任意	任意	任意
使用法注記	この意味単位はオプションで〈重要属性値〉とともに「側面：詳細」ペアの一部として使用されるだろう。		

意味単位	1.4.2 重要属性値 significantPropertiesValue
意味単位構成要素	なし
定義	保存活動を通して維持することが重要だと主観的に決定された特定のオブジェクトの特性の記述。
設定理由	リポジトリはオブジェクトの特定の様相あるいは側面に基づいて重要属性を記述することを選択するかもしれない。
データの制約	なし

オブジェクト・カテゴリ	表現	ファイル	ビットストリーム
適用	可	可	可
例	［本質的ではないと考えられるアニメーションを含むWebページに対して］内容のみ ［「振る舞い」という〈重要属性タイプ〉と結びつけられた詳細に対して］「ハイパーリンクは横断可能」	［本質的ではないと考えられる埋め込みリンクを持つワープロ文書に対して］内容のみ ［「振る舞い」という〈重要属性タイプ〉と結びつけられた詳細に対して］「編集可能」 ［「ページ幅」という〈重要属性タイプ〉と結びつけられた詳細に対して］210mm	［埋め込まれたグラフがあって，線の色が線の意味を決定しているようなPDFに対して］色 ［「外観」という〈重要属性タイプ〉と結びつけられた詳細に対して］色
繰り返し	不可	不可	不可
義務	任意	任意	任意
使用法注記	もし「側面：詳細」ペアが用いられるなら，〈重要属性値〉の内容はペアとなる〈重要属性タイプ〉で宣言された様相，側面，属性に関するオブジェクトの重要属性を記述するべきである。 もし「側面：詳細」ペアが用いられないのであれば，〈重要属性値〉はオブジェクトのどんな特性でも自由に記述するのに使われてよい。 〈重要属性値〉は繰り返し不可である。複数の重要属性は別個の〈重要属性〉容器単位の繰り返しによって記述されるべきである。		

意味単位	1.4.3 重要属性の拡張 significantPropertiesExtension		
意味単位構成要素	外部で定義		
定義	重要属性に関し PREMIS 外で定義された意味単位を含めるための容器。		
設定理由	PREMIS が定義した単位を置き換えたり拡張したりする必要があるかもしれない。		
データの制約	容器		
オブジェクト・カテゴリ	表現	ファイル	ビットストリーム
適用	可	可	可
繰り返し	可	可	可
義務	任意	任意	任意
使用法注記	この意味単位の下位単位はすべてオプションである。もしこの容器が含まれるのであれば，少なくとも〈重要属性値〉と〈重要属性の拡張〉の下位単位のうちの一つが存在しなくてはならない。 もし〈重要属性の拡張〉容器が明示的に PREMIS の〈重要属性〉の下位単位のいずれかと結びつけられる必要があるのなら，〈重要属性〉容器は繰り返される。もし異なった外部スキーマからの拡張が必要なら，〈重要属性〉もまた繰り返されるべきである。		

意味単位	1.5 オブジェクト特性 objectCharacteristics
意味単位構成要素	1.5.1 構成レベル compositionLevel 1.5.2 不変性 fixity 1.5.3 大きさ size 1.5.4 フォーマット format 1.5.5 作成アプリケーション creatingApplication 1.5.6 抑制因子 inhibitors 1.5.7 オブジェクト特性の拡張 objectCharacteristicsExtension
定義	ファイルあるいはビットストリームの技術的属性で，すべてあるいはほとんどのフォーマットに適用可能なもの。
設定理由	どんなフォーマットのオブジェクトにも適用される重要な技術的属性がいくつか存在する。フォーマット固有の属性の詳細な定義はこのデータ辞書の対象外である。しかしながら，そうした属性は〈オブジェクト特性の拡張〉内に含めることができる。
データの制約	容器

オブジェクト・カテゴリ	表現	ファイル	ビットストリーム
適用	不可	可	可
繰り返し		可	可
義務		必須	必須
使用法注記	〈オブジェクト特性〉に含まれる意味単位群は，単一の〈構成レベル〉における単一のオブジェクトに関する1セットの情報として取り扱われるべきである。オブジェクトの特性は，圧縮や暗号化といった二つ以上のコード化の適用によってオブジェクトが作成されたときには，繰り返されてもよい。この場合，〈オブジェクト特性〉の繰り返しのたびに〈構成レベル〉は増加することとなるだろう。 暗号化が適用された場合，〈オブジェクト特性〉ブロックは抑制因子意味単位を含まなければならない。 ファイル内に埋め込まれたビットストリームはファイルとは異なったオブジェクト特性を持つかもしれない。こうした特性が保存に関連する場合は記録されるべきである。 単一のファイルが表現と等価のとき，〈オブジェクト特性〉が適用され，表現と結びつけられてもよい。こうした場合，表現を含むファイルと他の関連ファイルとの間の関係は関係サブタイプを使って表現してもよい（122ページ参照）。			

意味単位	1.5.1 構成レベル compositionLevel
意味単位構成要素	なし
定義	オブジェクトが一つ以上の復号化あるいは抽出のプロセスの対象となっているかどうかの指標。
設定理由	ファイルまたはビットストリームは圧縮，暗号化などによってコード化されたり，あるいは他のファイルやビットストリームと一緒により大きなパッケージにまとめられたりすることが可能である。元のオブジェクトあるいはオブジェクト群を回復する必要があるなら，こうした行動がとられた順序を知ることは重要である。
データの制約	負でない整数

オブジェクト・カテゴリ	表現	ファイル	ビットストリーム
適用	不可	可	可
例		0 1 2	0 1 2
繰り返し		不可	不可
義務		必須	必須

作成／維持注記	構成レベルは一般的にリポジトリによって付与されるだろうが，この値は自動的に付与されるよう試みるべきである。もしオブジェクトがリポジトリによって作成されたものだったら，作成ルーチンが構成レベルを知っており，このメタデータを付与できる。もしオブジェクトがリポジトリによって取り込まれたものであれば，リポジトリのプログラムはオブジェクト自体または外部から提供されたメタデータから構成レベルを同定するよう試みなければならないだろう。
使用法注記	ファイルまたはビットストリームは，逆向き（最高次から最低次）に復号化しなければならない多重のコード化の対象となり得る。たとえば，ファイルAは圧縮されてファイルBを生成し，それが暗号化されてファイルCを生成する。元のファイルAのコピーを再作成するためには，ファイルCを復号化してファイルBを作成し，それからファイルBを解凍してファイルAを作成しなければならないだろう。〈構成レベル〉のゼロはオブジェクトが元のオブジェクトでさらなる復号化を要しないことを示し，レベル1以上は1回以上の復号化が適用されなければならないことを示す。 数字は最低次から最高次へと進む（最初のコード化＝0）。0は元のオブジェクトで，1-nはそれに続くコード化である。

もしただ一つの〈構成レベル〉しかなければ，0 を省略時の値として使うこと。複数のファイル・オブジェクトがパッケージ・ファイル・オブジェクト（例：ZIP ファイル）内のファイルストリームとして抱き合わせになっていたら，個々のファイルストリーム・オブジェクトはパッケージ・ファイル・オブジェクトの構成レベルではない。それらは別々のオブジェクトと見なされるべきで，おのおのがそれ自体の構成レベルを持つ。たとえば，二つの暗号化ファイルが zip で一緒にされ，一つのファイル・オブジェクトとしてアーカイブに格納されているような場合，おのおのがそれ自体のメタデータを持つ，三つの別々のオブジェクトとして記述されるだろう。二つの内部オブジェクトの格納場所は ZIP ファイルを指し示すが，ZIP ファイル自体はただ一つの構成レベル（ゼロ）を持ち，そのフォーマットは「zip」ということになるだろう。「オブジェクト特性と構成レベル」（177 ページ）を参照のこと。

意味単位	1.5.2 不変性 fixity		
意味単位構成要素	1.5.2.1 メッセージ・ダイジェスト・アルゴリズム messageDigestAlgorithm 1.5.2.2 メッセージ・ダイジェスト messageDigest 1.5.2.3 メッセージ・ダイジェスト発信者 messageDigestOriginator		
定義	オブジェクトが，記録されていない，あるいは認められていない方法で変更されたかどうか確かめるのに使われる情報。		
データの制約	容器		
オブジェクト・カテゴリ	表現	ファイル	ビットストリーム
適用	不可（使用法注記参照）	可	可（使用法注記参照）
繰り返し		可	可
義務		任意	任意
作成／維持注記	リポジトリによって自動的に計算され記録される。		
使用法注記	不変性チェックを行うため，以前に計算されたメッセージ・ダイジェストが後に計算されたメッセージ・ダイジェストと比較される。もし両方のダイジェストが同じであれば，オブジェクトはその期間には変更されなかったということである。推奨される実践方法は，異なったアルゴリズムによって計算された二つ以上のメッセージ・ダイジェストを使うことであ		

る。(注意:「メッセージ・ダイジェスト」と「チェックサム」という言葉は普通同じ意味で使われる。しかしながら,「チェックサム」という言葉はより正確には巡回冗長検査(CRC)の産物に対して使われ,一方,「メッセージ・ダイジェスト」は暗号化ハッシュ関数の結果のことを言う。ここで言及されているのは後者である。)

不変性チェックの機能を果たす行為とそれが起きた日付は「イベント」として記録されるだろう。チェックの結果は〈イベント結果〉として記録されるだろう。したがって,〈メッセージ・ダイジェスト・アルゴリズム〉と〈メッセージ・ダイジェスト〉のみが,将来の比較のため,〈オブジェクト特性〉として記録される必要がある。

表現レベル:もし表現が単一のファイルから成るか,あるいは表現を構成するすべてのファイルが単一のファイルに結合(例:zip)されているとしたら,不変性チェックは表現に対して実行できるという議論も可能だろう。しかしながら,どちらの場合も不変性チェックは実際にはファイルに対して実行されており,この場合,ファイルがたまたま表現と一致しているだけである。

ビットストリーム・レベル:メッセージ・ダイジェストは,ファイルほど一般的でないにせよ,ビットストリームに対しても計算可能である。たとえば,JPEG2000 フォーマットの一つである JPX フォーマットは,MD5 あるいは SHA-1 メッセージ・ダイジェストを内部メタデータに含むことが可能で,これはファイルのどの範囲のバイト群についても計算される。「不変性,完全性,真実性」(179 ページ)を参照のこと。

意味単位	1.5.2.1 メッセージ・ダイジェスト・アルゴリズム messageDigestAlgorithm		
意味単位構成要素	なし		
定義	デジタル・オブジェクトのためにメッセージ・ダイジェストを構築するのに使われる特定のアルゴリズム。		
データの制約	値は統制語彙から取得されるべきである。		
オブジェクト・カテゴリ	表現	ファイル	ビットストリーム
適用	不可	可	可
例		MD5 Adler-32 HAVAL SHA-1 SHA-256 SHA-384 SHA-512 TIGER WHIRLPOOL	
繰り返し		不可	不可
義務		必須	必須

意味単位	1.5.2.2 メッセージ・ダイジェスト messageDigest		
意味単位構成要素	なし		
定義	メッセージ・ダイジェスト・アルゴリズムの出力。		
設定理由	これは将来の不変性チェックにおいて比較できるようにするため，保存されなくてはならない。		
データの制約	なし		
オブジェクト・カテゴリ	表現	ファイル	ビットストリーム
適用	不可	可	可
例		7c9b35da4f2ebd436f1cf88e5a39b3a257edf4a22be3c955ac49da2e2107b67a1924419563	
繰り返し		不可	不可
義務		必須	必須

意味単位	1.5.2.3 メッセージ・ダイジェスト発信者 messageDigestOriginator		
意味単位構成要素	なし		
定義	不変性チェックにおいて比較される元々のメッセージ・ダイジェストを作成したエージェント。		
設定理由	保存リポジトリは提出者によって計算されたメッセージ・ダイジェストを持ったファイルを受け入れるかもしれない。これをチェックすることで，受け取ったファイルが送られたファイルと同じであることを確認できる。リポジトリはまたメッセージ・ダイジェストを持たないファイルを受け入れ，受入時の初期値を計算しなければならないかもしれない。誰がメッセージ・ダイジェストの初期値を計算したのかを知ることが役に立つ可能性がある。		
データの制約	なし		
オブジェクト・カテゴリ	表現	ファイル	ビットストリーム
適用	不可	可	可
例		DRS A0000978	
繰り返し		不可	不可
義務		任意	任意
作成／維持注記	最初のメッセージ・ダイジェストの計算がリポジトリによって「イベント」として取り扱われるのであれば，この情報はイベント・レコードから取得できるだろう。		
使用法注記	メッセージ・ダイジェストの作成者はエージェントを表す文字列（例：アーカイブ自体を示す「NRS」）あるいはエージェントの記述へのポインタ（例：ここでの「A0000987」は〈エージェント識別子値〉）によって表現することができるだろう。		

意味単位	1.5.3 大きさ size		
意味単位構成要素	なし		
定義	リポジトリに格納されているファイルまたはビットストリームのバイトで表されたサイズ。		
理由	大きさは，記憶装置から正しいバイト数が取り出されたか，またアプリケーションがファイルを動かしたり処理したりするのに十分な余裕があるかといったことを確認するのに役立つ。保管に対して課金するときにも使われるだろう。		
データの制約	整数		
オブジェクト・カテゴリ	表現	ファイル	ビットストリーム
適用	不可	可	可
例		2038937	
繰り返し		不可	不可
義務		任意	任意
作成／維持注記	リポジトリによって自動的に取得される。		
使用法注記	この意味単位をバイトで表された大きさと定義すると，測定の単位の記録は不要になる。しかしながら，データ交換のためには，測定の単位は明記されるか，パートナー双方によって了解されているべきである。		

意味単位	1.5.4 フォーマット format
意味単位構成要素	1.5.4.1 フォーマット表示記号 formatDesignation 1.5.4.2 フォーマット登録簿 formatRegistry 1.5.4.3 フォーマット注記 formatNote
定義	ファイルあるいはビットストリームのフォーマットの識別。ここでフォーマットとは，あらかじめ定められた仕様に従ったデジタル情報の組織化である。
設定理由	保存活動の多くがデジタル・オブジェクトのフォーマットに関する詳細な知識に依存している。正確なフォーマットの識別がきわめて重要である。提供される識別は，名前によるものであれフォーマット登録簿へのポインタによるものであれ，オブジェクトをより詳細なフォーマット情報へと結びつけるのに十分なものでなくてはならない。
データの制約	容器

オブジェクト・カテゴリ	表現	ファイル	ビットストリーム
適用	不可	可	可
繰り返し		不可	不可
義務		必須	必須

作成／維持注記	ファイルまたはビットストリームのフォーマットは，受入の際，リポジトリによって確認されるべきである。たとえこの情報が，直接的にメタデータの中であるいは間接的にファイル名の拡張子を通して，提出者によって提供されるにしても，可能な時にはファイルを解析することにより独自にフォーマットを識別することが推奨される。もしフォーマットが受入の時点で識別できなければ，フォーマット不明と記録してもよいが，リポジトリは後で，たとえ人手の介入が必要であっても，フォーマットを識別するよう努力すべきである。
使用法注記	ファイル内に埋め込まれたビットストリームは，そのファイルとは異なった特性を持つかもしれない。たとえば，LaTexフォーマットのビットストリームがSGMLファイル内に埋め込まれることも，あるいは異なった色空間を使っている複数の画像が一つのTIFFファイル内に埋め込まれることも可能だろう。〈フォーマット〉はすべてのオブジェクトについて記録されなければならない。ビットストリームのフォーマットがリポジトリによって認識可能で，リポジトリがそのビットストリームを，保存目的のため埋め込まれているファイルとは異なった扱いをしたいようなときは，埋め込まれたビットストリームについての〈フォーマット〉が記録可能である。

この意味単位は必須であるにもかかわらず，下位単位は両方ともオプションである。この容器が含まれるなら少なくとも一つの下位単位（すなわち，〈フォーマット表示記号〉または〈フォーマット登録簿〉のどちらか）が存在しなくてはならない。あるいは両方が使われてもよい。もし下位単位（〈フォーマット表示記号〉または〈フォーマット登録簿〉）が繰り返される必要があるなら，〈フォーマット〉容器全体が繰り返される。これはフォーマット表示記号を特定のフォーマット登録簿情報の集合と結びつけることを可能とする。たとえば，もし正確なフォーマットが決定できず二つの〈フォーマット表示記号〉が記録されるとしたら，それぞれが別の〈フォーマット〉容器内に与えられる。〈フォーマット〉容器はまた複数のフォーマット登録簿の記入のためにも繰り返し可能である。
「フォーマット情報」（170 ページ）を参照のこと。

意味単位	1.5.4.1 フォーマット表示記号 formatDesignation		
意味単位構成要素	1.5.4.1.1 フォーマット名 formatName 1.5.4.1.2 フォーマットの版 formatVersion		
定義	オブジェクトのフォーマットの同定識別。		
データの制約	容器		
オブジェクト・カテゴリ	表現	ファイル	ビットストリーム
適用	不可	可	可
繰り返し		不可	不可
義務		任意	任意
使用法注記	〈フォーマット表示記号〉か，少なくとも一つの〈フォーマット登録簿〉が必須である。両方が含まれてもよい。 最も特定的なフォーマット（あるいはフォーマット・プロファイル）が記録されるべきである。この特定性を達成するため，リポジトリ（あるいはフォーマット登録簿）は複数パートのフォーマット名（例：「TIFF_GeoTIFF」あるいは「WAVE_MPEG_BWF」）を使うことを望むかもしれない。		

意味単位	1.5.4.1.1 フォーマット名 formatName		
意味単位構成要素	なし		
定義	ファイルまたはビットストリームのフォーマットの表示記号。		
データの制約	値は統制語彙から取得されるべきである。		
オブジェクト・カテゴリ	表現	ファイル	ビットストリーム
適用	不可	可	可
例		Text/sgml image/tiff/geotiff Adobe PDF DES PGP Base64	LaTex
繰り返し		不可	不可
義務		必須	必須
使用法注記	識別できないフォーマットに対しては、〈フォーマット名〉は「不明」と記録してもよい。		

意味単位	1.5.4.1.2 フォーマットの版 formatVersion		
意味単位構成要素	なし		
定義	〈フォーマット名〉で名前が示されたフォーマットの版。		
設定理由	多くのフォーマット名典拠リストは版を示すほどきめ細かではない。たとえば、MIMEメディア・タイプなど。		
データの制約	なし		
オブジェクト・カテゴリ	表現	ファイル	ビットストリーム
適用	不可	可	可
例		6.0 2003	
繰り返し		不可	不可
義務		任意	任意
使用法注記	もしフォーマットに版があれば、記録されるべきである。数字あるいは年どちらの表示記号でもよい。		

意味単位	1.5.4.2 フォーマット登録簿 formatRegistry		
意味単位構成要素	1.5.4.2.1 フォーマット登録簿名 formatRegistryName 1.5.4.2.2 フォーマット登録簿の鍵 formatRegistryKey 1.5.4.2.3 フォーマット登録簿の役割 formatRegistryRole		
定義	フォーマット登録簿中の記入への参照によってフォーマットについてのさらなる情報を識別したり与えたりする。		
設定理由	中央集中型のフォーマット登録簿が保存リポジトリに利用可能であれば，詳細なフォーマット情報を参照する非常によい方法となるだろう。		
データの制約	容器		
オブジェクト・カテゴリ	表現	ファイル	ビットストリーム
適用	不可	可	可
繰り返し		可	可
義務		任意	任意
使用法注記	〈フォーマット表示記号〉か少なくとも一つの〈フォーマット登録簿〉が必須である。二つ以上のフォーマット登録簿が記録される必要があるなら，フォーマット容器を繰り返して追加の〈フォーマット登録簿〉の情報をセットで格納すべきである。 PREMIS ワーキング・グループは，デジタル保存活動を支えるため多くのフォーマット登録簿が開発・維持されると想定している。たとえば，グローバル・デジタル・フォーマット登録簿（GDFR）(http://hul.harvard.edu/gdfr/documents.html#data) の提案は，フォーマットやプロファイルに関する詳細な仕様を蓄積するために設計された，ネットワークでアクセス可能な登録簿を創出することになるだろう。		

意味単位	1.5.4.2.1 フォーマット登録簿名 formatRegistryName		
意味単位構成要素	なし		
定義	参照されたフォーマット登録簿を同定識別する表示記号。		
データの制約	なし		
オブジェクト・カテゴリ	表現	ファイル	ビットストリーム
適用	不可	可	可
例		PRONOM www.nationalarchives.gov.uk/pronom Representation InformationRegistry Repository	FRED: A format registry demonstration, release 0.07
繰り返し		不可	不可
義務		必須	必須
使用法注記	これは正式名称でも，内部で使用されている名前でも，URIでもよい。		

意味単位	1.5.4.2.2 フォーマット登録簿の鍵 formatRegistryKey		
意味単位構成要素	なし		
定義	フォーマット登録簿においてフォーマットの記入を参照するために使われる一意の鍵。		
データの制約	なし		
オブジェクト・カテゴリ	表現	ファイル	ビットストリーム
適用	不可	可	可
例		info:dgfr/fred/f/tiff TIFF/6.0	
繰り返し		不可	不可
義務		必須	必須

意味単位	1.5.4.2.3 フォーマット登録簿の役割 formatRegistryRole		
意味単位構成要素	なし		
定義	登録簿の目的または想定される使用法。		
設定理由	同じ〈フォーマット〉が異なった登録簿で異なった目的で定義されるかもしれない。たとえば，ある登録簿は詳細なフォーマット仕様を示し，一方，別の登録簿はプロファイル情報を持つといった具合である。もし複数の登録簿が記録されるとしたら，この意味単位はそれらの間の違いを区別するために使用することができる。		
データの制約	値は統制語彙から取得されるべきである。		
オブジェクト・カテゴリ	表現	ファイル	ビットストリーム
適用	不可	可	可
例		仕様 Specification 検証プロファイル Validation profile	
繰り返し		不可	不可
義務		任意	任意

意味単位	1.5.4.3 フォーマット注記 formatNote		
意味単位構成要素	なし		
定義	フォーマットについての追加情報。		
設定理由	フォーマット表示記号や登録簿情報を補足したり識別の状態を記録するため，限定的な情報が必要とされるかもしれない。		
データの制約	なし		
オブジェクト・カテゴリ	表現	ファイル	ビットストリーム
適用	不可	可	可
例		仮の識別 分離 複数のフォーマットを識別	
繰り返し		不可	不可
義務		任意	任意
使用法注記	〈フォーマット注記〉は自由文，参照ポインタ，あるいは統制リストからの値を含めることができる。		

意味単位	1.5.5 作成アプリケーション creatingApplication
意味単位構成要素	1.5.5.1 作成アプリケーション名 creatingApplicationName 1.5.5.2 作成アプリケーションの版 creatingApplicationVersion 1.5.5.3 アプリケーションによる作成日 　　　　dateCreatedByApplication 1.5.5.4 作成アプリケーションの拡張 　　　　creatingApplicationExtension
定義	オブジェクトを作成したアプリケーションについての情報。
設定理由	オブジェクトを作成したアプリケーションについての情報（アプリケーションの版とファイル作成日を含む）は問題解決に役立つ。たとえば，よくあることとして，ある版のソフトウェアが変換エラーを起こすとか乱れを発生させることで知られていたりする。また，そのデジタル・オブジェクトにどの提示ソフトが利用可能か決定することも役に立つ。たとえば，Distiller プログラムが PDF ファイルを作成したことがわかっていれば，それが（他のプログラムとともに）Adobe Reader で提示可能だろうということがわかる。
データの制約	容器

オブジェクト・カテゴリ	表現	ファイル	ビットストリーム
適用	不可	可	可
繰り返し		可	可
義務		任意	任意

作成／維持注記	もしオブジェクトがリポジトリによって作成されたのであれば，作成アプリケーション情報の付与は簡単なはずである。もしオブジェクトがリポジトリの外で作成されたのなら，この情報は寄託者に提供してもらうことが可能だろう。また，ファイル自体から抽出されることもあるだろう。作成アプリケーションの名前はしばしばファイル内に埋め込まれているからである。
使用法注記	この意味単位はリポジトリの外で作成された後で受け入れられたオブジェクトとリポジトリによって作成されたオブジェクト（たとえば移行イベントを通して）の両方に適用される。〈作成アプリケーション〉容器は，もし二つ以上のアプリケーションがオブジェクトを処理したとしたら，繰り返し可能である。たとえば，ファイルが Microsoft Word によって作成された後で Adobe Acrobat を使って PDF に変換されるといったことがあり得る。Word および Acrobat 両アプリケーションの詳細が記録されることだろう。しかしながら，もし両方のファイルがリポジトリに格納されているのなら，おのおの

のファイルがオブジェクト・エンティティとして完全に記述され，〈関係タイプ〉:「派生」という関係情報を使ってリンクされるべきである。

これはまた，受入前のオブジェクト作成アプリケーションとともに，受入プロセスの一部として使われた作成アプリケーションを記録するために繰り返されることもあるだろう。たとえば，あるHTMLファイルは受入前にDreamweaverで作成され，WebクローラーのHeritrixが受入作業の一部としてそのスナップショットをとったという場合である。

ここで示されている〈作成アプリケーション〉に必要な情報は最低限のものである。より詳細化するために，拡張性が提供されている。

各リポジトリがこれをローカルに記録するよりも，フォーマットや環境の登録簿と同様，この情報のための登録簿を持つほうが好ましいだろう。

意味単位	1.5.5.1 作成アプリケーション名 creatingApplicationName		
意味単位構成要素	なし		
定義	オブジェクトを作成したソフトウェア・プログラムの名前の表示記号。		
データの制約	なし		
オブジェクト・カテゴリ	表現	ファイル	ビットストリーム
適用	不可	可	可
例		MSWord	
繰り返し		不可	不可
義務		任意	任意
使用法注記	作成アプリケーションは現在のフォーマットでオブジェクトを作成したアプリケーションで，記憶装置に書き込まれたコピーを作成したアプリケーションではない。たとえば，もし文書がMicrosoft Wordで作成され，その後でリポジトリの受入プログラムによってアーカイブの記憶装置にコピーされたとしたら，〈作成アプリケーション〉はWordであって，受入プログラムではない。		

意味単位	1.5.5.2 作成アプリケーションの版 creatingApplicationVersion		
意味単位構成要素	なし		
定義	オブジェクトを作成したソフトウェア・プログラムの版。		
データの制約	なし		
オブジェクト・カテゴリ	表現	ファイル	ビットストリーム
適用	不可	可	可
例		2000	1.4
繰り返し		不可	不可
義務		任意	任意

意味単位	1.5.5.3 アプリケーションによる作成日 dateCreatedByApplication		
意味単位構成要素	なし		
定義	オブジェクトが作成された実際のまたはおおよその日時。		
データの制約	機械処理を助けるため，値は構造化された形をとるべきである。PREMIS 準拠のメタデータの交換を容易にするため，標準的な規約，たとえば PREMIS スキーマ中の日付要素で用いられているようなものが推奨される。		
オブジェクト・カテゴリ	表現	ファイル	ビットストリーム
適用	不可	可	可
例		2000-12-01 20030223T151047	
繰り返し		不可	不可
義務		任意	任意
使用法注記	できるだけ正確な日付を使うこと。 これは作成アプリケーションによってオブジェクトが作成された日付であり，外部であるいはリポジトリによってコピーが作られた日付ではない。たとえば，あるファイルが Microsoft Word によって 2001 年に作成され，二つのコピーが 2003 年に作られたとしたら，これら三つのファイルの〈アプリケーションによる作成日〉は 2001 である。ファイルが記憶装置に書き込まれた日は「イベント」として記録することができる。		

	もしオブジェクト自体が内部に作成や修正の日付を含んでいるとしたら，修正日が〈アプリケーションによる作成日〉として使用されるべきである。 もしアプリケーションがウェブ収集プログラムで，オブジェクトをある時点で取得しているのだとしたら，取得日として使用すること。

意味単位	1.5.5.4 作成アプリケーションの拡張 creatingApplicationExtension		
意味単位構成要素	外部で定義		
定義	PREMIS 外で定義された意味単位を使う作成アプリケーション情報。		
設定理由	PREMIS が定義した単位を置き換えたり拡張したりする必要があるかもしれない。		
データの制約	容器		
オブジェクト・カテゴリ	表現	ファイル	ビットストリーム
適用	不可	可	可
繰り返し		可	可
義務		任意	任意
使用法注記	さらなる詳細化あるいは外部定義の意味単位を利用するため，拡張性が提供されている。ローカルな意味単位または別に規定されたメタデータ体系を使用したメタデータが，PREMIS定義の意味単位に代わって，あるいは追加して，付与可能である。外部定義のスキーマを使うときは，そのスキーマへの参照が提供されなくてはならない。「拡張性」(48 ページ)のより詳しい解説を参照のこと。 もし〈作成アプリケーションの拡張〉容器が〈作成アプリケーション〉下の PREMIS の下位単位のどれかに明示的に結びつけられる必要があるとしたら，〈作成アプリケーション〉容器は繰り返される。もし異なった外部スキーマからの拡張が必要だとしたら，この場合もまた〈作成アプリケーション〉が繰り返されるべきである。		

意味単位	1.5.6 抑制因子 inhibitors		
意味単位構成要素	1.5.6.1 抑制因子タイプ inhibitorType 1.5.6.2 抑制対象 inhibitorTarget 1.5.6.3 抑制因子の鍵 inhibitorKey		
定義	アクセスや利用や移行の抑制を意図したオブジェクトの特徴。		
設定理由	ファイルが暗号化されているかどうかはフォーマット情報が示すかもしれないが，暗号の性質やアクセス・キーもまた記録されなければならない。		
データの制約	容器		
オブジェクト・カテゴリ	表現	ファイル	ビットストリーム
適用	不可	可	可
繰り返し		可	可
義務		任意	任意
作成／維持注記	抑制因子はリポジトリ自身によって適用されるよりも，リポジトリに受け入れられたオブジェクトに存在する可能性のほうが高い。ファイルが暗号化されていることを解析によって結論づけるのはしばしば不可能である。ファイルは表面上 ASCII テキストかもしれないからである。したがって，できれば，抑制因子についての情報は提出オブジェクトにメタデータとして付与されるべきである。		
使用法注記	いくつかのファイル・フォーマットは埋め込まれたビットストリームの暗号化を可能にしている。 PDF はじめいくつかのファイル・フォーマットは，内容あるいは特定の機能へのアクセスをコントロールするため，パスワードを利用している。これは実際にはビットストリーム・レベルで実行されているのだが，保存の目的ではファイル・レベルで管理するのが効率的である。すなわち，個別にアドレス指定可能なビットストリームごとにパスワードが記録されたりはしないだろう。 あるタイプの抑制因子の鍵には，さらなる細分化が要求されるかもしれない。もし抑制因子の鍵情報がデジタル署名における鍵情報と同一であるなら，そちらの意味単位を使うこと。		

意味単位	1.5.6.1 抑制因子タイプ inhibitorType		
意味単位構成要素	なし		
定義	採用された抑制方法。		
データの制約	値は統制語彙から取得されるべきである。		
オブジェクト・カテゴリ	表現	ファイル	ビットストリーム
適用	不可	可	可
例		DES PGP Blowfish パスワード保護	
繰り返し		不可	不可
義務		必須	必須
使用法注記	一般的な抑制因子は暗号化とパスワード保護である。暗号化が用いられるときは，暗号化のタイプが具体的に示されるべきである。すなわち，「暗号化」ではなく「DES」というふうに記録すること。		

意味単位	1.5.6.2 抑制対象 inhibitorTarget		
意味単位構成要素	なし		
定義	抑制因子によって保護される内容または機能。		
データの制約	値は統制語彙から取得されるべきである。		
オブジェクト・カテゴリ	表現	ファイル	ビットストリーム
適用	不可	可	可
例		内容全部 機能：再生 機能：印刷	
繰り返し		可	可
義務		任意	任意
使用法注記	もし記載がなければ，対象はオブジェクトの内容であるとみなす。		

意味単位	1.5.6.3 抑制因子の鍵 inhibitorKey		
意味単位構成要素	なし		
定義	復号鍵またはパスワード。		
データの制約	なし		
オブジェクト・カテゴリ	表現	ファイル	ビットストリーム
適用	不可	可	可
例		［DES 復号鍵］	
繰り返し		不可	不可
義務		任意	任意
使用法注記	鍵はもし知っているなら提供すべきである。しかしながら，安全ではないデータベース中に，プレーンテキストで〈抑制因子の鍵〉を実際に収録するのはおすすめできない。		

意味単位	1.5.7 オブジェクト特性の拡張 objectCharacteristicsExtension		
意味単位構成要素	外部で定義		
定義	PREMIS 外で定義された意味単位を使う。		
設定理由	PREMIS が定義した単位を置き換えたり拡張したりする必要があるかもしれない。		
データの制約	容器		
オブジェクト・カテゴリ	表現	ファイル	ビットストリーム
適用	不可	可	可
繰り返し		可	可
義務		任意	任意
使用法注記	さらなる詳細化あるいは外部定義の意味単位を利用するため，拡張性が提供されている。ローカルな意味単位または別に規定されたメタデータ体系を使用したメタデータが，PREMIS 定義の意味単位に代わって，あるいは追加して，付与可能である。外部定義のスキーマを使うときは，そのスキーマへの参照が提供されなくてはならない。「拡張性」（48 ページ）のより詳しい解説を参照のこと。もし〈作成アプリケーションの拡張〉容器が〈作成アプリケーション〉下の PREMIS の下位単位のどれかに明示的に結びつけられる必要があるとしたら，〈作成アプリケーション〉容器は繰り返される。もし異なった外部スキーマからの拡張が必要だとしたら，この場合もまた〈作成アプリケーション〉が繰り返されるべきである。		

意味単位	1.6 元の名 originalName
意味単位構成要素	なし
定義	リポジトリに提出されたり収集されたオブジェクトが，リポジトリによって名称変更される前の名前。
設定理由	保存リポジトリ内で使われる名前はリポジトリの外には知られていないかもしれない。寄託者はファイルを元の名で要求する必要があるかもしれない。また，リポジトリは外への配布のために内部リンクを再構築する必要があるかもしれない。
データの制約	なし

オブジェクト・カテゴリ	表現	ファイル	ビットストリーム
適用	不可	可	不可
例		N419.pdf	
繰り返し		不可	
義務		任意	

作成／維持注記	これの値は常に提出者または収集アプリケーションによってリポジトリに通知されるだろう。保存すべきファイルパスがどの程度かはリポジトリ次第だろう。
使用法注記	これは「提出用情報パッケージ（SIP）」で指定されたファイル名である。異なった状況ではファイルは他の名前を持つかもしれない。二つのリポジトリが内容を交換しているとき，受け手のリポジトリが送り手のリポジトリにおける表現の名前を知り，記録するのは重要なことだろう。表現の場合，これはディレクトリ名でもよい。

意味単位	1.7 記憶装置 storage		
意味単位構成要素	1.7.1 内容の位置 contentLocation 1.7.2 記憶媒体 storageMedium		
定義	ファイルが記憶システム中のどこにどのように蓄積されているかについての情報。		
設定理由	リポジトリにとっては〈内容の位置〉を〈記憶媒体〉に結びつける必要がある。		
データの制約	容器		
オブジェクト・カテゴリ	表現	ファイル	ビットストリーム
適用	不可	可	可
繰り返し		可	可
義務		必須	必須
使用法注記	通常，あるオブジェクトに対して単一の記憶位置と媒体が存在するだろう。なぜなら別の位置にあるオブジェクトは異なったオブジェクトとみなされるだろうからである。複合記憶装置は，もしビット単位で同じで一体として管理されている二つ以上のコピーがあり，記録されている媒体を除いて違いがないとしたら，繰り返しで記録されるべきである。それらは単一の〈オブジェクト識別子〉を持ち，リポジトリによって単一のオブジェクトとして管理されているに違いない。 この意味単位は必須だが，下位単位は両方ともオプションである。少なくとも一つの下位単位（すなわち〈内容の位置〉または〈記憶媒体〉のどちらか）が存在しなくてはならない。あるいは両方が使われてもよい。		

意味単位	1.7.1 内容の位置 contentLocation		
意味単位構成要素	1.7.1.1 内容の位置のタイプ contentLocationType 1.7.1.2 内容の位置の値 contentLocationValue		
定義	記憶システムからファイルを検索したり，ファイル内のビットストリームにアクセスするために必要な情報。		
データの制約	容器		
オブジェクト・カテゴリ	表現	ファイル	ビットストリーム
適用	不可	可	可
繰り返し		不可	不可
義務		任意	任意
作成／維持注記	保存リポジトリはコントロールしていない内容に決して言及すべきではない。したがって，PREMIS 作業グループはリポジトリが常に内容の位置を，おそらくはプログラムによって，割り当てることを前提とした。		
使用法注記	もし保存リポジトリが〈オブジェクト識別子〉をデータ検索のためのハンドルとして使うのであれば，内容の位置は陰に隠れたものとなり記録する必要はなくなる。		

意味単位	1.7.1.1 内容の位置のタイプ contentLocationType		
意味単位構成要素	なし		
定義	内容を位置を参照するための手段。		
設定理由	値の意味を理解するためには，どのような記憶位置の体系が使われているか知ることが必要である。		
データの制約	値は統制語彙から取得されるべきである。		
オブジェクト・カテゴリ	表現	ファイル	ビットストリーム
適用	不可	可	可
例		URI hdl NTFS EXT3	バイト・オフセット
繰り返し		不可	不可
義務		必須	必須

意味単位	1.7.1.2 内容の位置の値 contentLocationValue		
意味単位構成要素	なし		
定義	記憶システムに使用される内容の位置への参照。		
データの制約	なし		
オブジェクト・カテゴリ	表現	ファイル	ビットストリーム
適用	不可	可	可
例		http://wwasearch.loc.gov/107th/200212107035/ http://house.gov/langevin/ hdl:loc.pnp/cph.3b34188 c:\apache2\htdocs\index.html /home/web/public_html/index.html	64 [offset from start of file c:\apache2\htdocs\image\logo.gif]
繰り返し		不可	不可
義務		必須	必須
使用法注記	これは完全に限定されたパスおよびファイル名，あるいは位置解決システム（例：ハンドル）で使われる情報，あるいは記憶装置管理システムで使われる原情報でもよいだろう。ビットストリームあるいはファイルストリームに関しては，これはたぶん参照ポイントで，ビットストリームの開始位置のオフセットとなるだろう。記録されるべき詳細度のレベルを決定するのはリポジトリに任される。		

意味単位	1.7.2 記憶媒体 storageMedium		
意味単位構成要素	なし		
定義	オブジェクトが記憶される物理媒体（例：磁気テープ，ハードディスク，CD-ROM，DVD）。		
設定理由	リポジトリは，いつどのように媒体の再書き込みや媒体の移行を行えばよいか知るため，オブジェクトが記憶されている媒体を知る必要がある。		
データの制約	値は統制語彙から取得されるべきである。		
オブジェクト・カテゴリ	表現	ファイル	ビットストリーム
適用	不可	可	可
例		磁気テープ ハードディスク TSM	磁気テープ ハードディスク TSM
繰り返し		不可	不可
義務		任意	任意
使用法注記	これは記憶装置管理システムによって直接のリポジトリの管理からは隠すことができる場合もあるが，基本的な前提は，最終的にはリポジトリがコントロールして技術の陳腐化に備えて管理する必要があるということである。 値は特定の媒体ではなく，媒体を知っているシステムの場合もあり得る。例：Tivoli Storage Manager（TSM）。 記憶媒体を知ることは保存活動の引き金を引くための内的な要求である。しかしながら，これは交換目的で使われる情報ではないので，オプションである。		

意味単位	1.8 環境 environment
意味単位構成要素	1.8.1 環境特性 environmentCharacteristic 1.8.2 環境の目的 environmentPurpose 1.8.3 環境注記 environmentNote 1.8.4 依存性 dependency 1.8.5 ソフトウェア software 1.8.6 ハードウェア hardware 1.8.7 環境の拡張 environmentExtension
定義	オブジェクトの利用を支えるハードウェアとソフトウェアの組合せ。
設定理由	環境は，利用者がそれによって情報内容を提示したりやり取りしたりする手段である。デジタルの情報内容をその環境的文脈から切り離すことは，情報内容を利用不可能にしてしまう結果となる可能性がある。
データの制約	容器

オブジェクト・カテゴリ	表現	ファイル	ビットストリーム
適用	可	可	可
繰り返し	可	可	可
義務	任意	任意	任意

作成／維持注記	この情報はリポジトリがオブジェクトに対してビット・レベル保存しか行っていないときには省略可能である。 各リポジトリがローカルにこれを記録するよりも，提案されているフォーマット情報の登録簿に似た，環境情報の登録簿を持つことが望ましい。 リポジトリは継承の仕組みを設計することを選ぶかもしれない。したがって，もしある表現内の各ファイルに要求される環境がその表現全体として記録されている環境と同一であれば，各ファイルにこの情報を保持する必要はない。 「環境」（173 ページ）を参照のこと。
使用法注記	この意味単位の下位単位はすべてオプションである。もしこの容器が含まれるのであれば，少なくとも一つの下位単位（すなわち，〈環境注記〉，〈依存性〉，〈ソフトウェア〉，〈ハードウェア〉，〈環境の拡張〉）が存在しなくてはならない。

意味単位	1.8.1 環境特性 environmentCharacteristic
意味単位構成要素	なし
定義	記述された環境がその目的を支援する度合いの見積り。
設定理由	もし複数の環境が記述されるのであれば，この要素はそれらの間の違いを区別するのに役立つ。
データの制約	値は統制語彙から取得されるべきである。

オブジェクト・カテゴリ	表現	ファイル	ビットストリーム
適用	可	可	可
例	不詳 unspecified 最低限 minimum	推奨 recommended 最低限 minimum	
繰り返し	不可	不可	不可
義務	任意	任意	任意

作成／維持注記	この値は提出者またはリポジトリが提供できるだろう。もし環境ソフトウェアおよびハードウェア情報が環境登録簿から取得できるなら，〈環境特性〉もまたその登録簿から取得できるかもしれない。しかしながら，「推奨」の基準はリポジトリによって異なる可能性がある。
使用法注記	値の案： **不詳 unspecified** ＝確認の作業はされていない。 **動作確認済 known to work** ＝オブジェクトは当該環境で提示可能。 **最低限 minimum** ＝リポジトリによって動作確認済の最低限必要な環境（必要な構成要素あるいは資源に関して）。 **推奨 recommended** ＝随意的な提示にも望ましい環境。 もし環境が「最低限」かつ「推奨」だとしたら，「推奨」を使うこと。 「動作確認済」はオブジェクトが記述された環境によってサポートされているが，リポジトリはこの環境が最低限なのか推奨なのかわからないことを意味する。

意味単位	1.8.2 環境の目的 environmentPurpose
意味単位構成要素	なし
定義	指定の環境によってサポートされた使用法。
設定理由	異なった環境はオブジェクトの異なった使用法を可能にする。たとえば，ファイルを編集したり修正するのに必要な環境はそれを提示するのに必要な環境とはまったく異なる可能性がある。
データの制約	値は統制語彙から取得されるべきである。

オブジェクト・カテゴリ	表現	ファイル	ビットストリーム
適用	可	可	可
繰り返し	可	可	可
義務	任意	任意	任意

作成／維持注記	この値はハードウェアおよびソフトウェア環境の情報を提供したエージェントによって提供されなければならないだろう。エージェントは提出者，リポジトリ，あるいは環境登録簿になるだろう。
使用法注記	値の案：提示 render，編集 edit。このリストは拡張される必要があるかもしれない。他の値は，プログラムによる変換，印刷，操作が可能であることを示すものとなるだろう。

意味単位	1.8.3 環境注記 environmentNote
意味単位構成要素	なし
定義	環境についての追加情報。
設定理由	追加説明のため，文章による環境の記述が必要かもしれない。
データの制約	なし

オブジェクト・カテゴリ	表現	ファイル	ビットストリーム
適用	可	可	可
例		この環境はPDFがローカルに保存され，単体のPDFリーダーで使われるであろうことを前提としている。	
繰り返し	可	可	可

義務	任意	任意	任意
使用法注記	この注記は環境情報の文脈を記録するために使われるだろう。たとえば，もしファイルが PC のクライアント・アプリケーションまたはブラウザのプラグ・インを通して提示されるとしたら，この注記はどちらの状況が適用されるかを識別するために使われるだろう。 他でもっと厳密に記録される環境情報を文章で記述するためにこの注記が使われるべきではない。		

意味単位	1.8.4 依存性 dependency		
意味単位構成要素	1.8.4.1 依存性名 dependencyName 1.8.4.2 依存性識別子 dependencyIdentifier		
定義	表現やファイルを利用したり提示したりするために必要な非ソフトウェア構成要素あるいは関連ファイルについての情報。たとえば，スキーマ，DTD，あるいはエンティティ・ファイル宣言。		
データの制約	容器		
オブジェクト・カテゴリ	表現	ファイル	ビットストリーム
適用	可	可	可
繰り返し	可	可	可
義務	任意	任意	任意
作成／維持注記	推奨される実践方法は，他のオブジェクトが依存するオブジェクト群をリポジトリがアーカイブすることである。そうしたオブジェクトは主要オブジェクトの提出者によって送付されるかもしれないし，あるいはリポジトリによって自動的に取得される場合もあるかもしれない。たとえば，あるマークアップ・ファイルはしばしば，DTD や XML スキーマといった，必要な他のオブジェクトへのリンクを含むだろう。もしそうであれば，これらのオブジェクトはしばしばリンクによって識別され，リポジトリによるダウンロードが可能である。		
使用法注記	この意味単位はファイルや表現を提示するのに必要な追加オブジェクトのためのもので，要求されるソフトウェアやハードウェアのためのものではない。これはまた，フォントやスタイル・シートといった，オブジェクトの非実行構成要素にも使用できるかもしれない。ソフトウェアが要求する事項については，〈ソフトウェアの依存性〉（109 ページ）を参照のこと。		

	この意味単位は構造関係によって要求されるオブジェクトは含まない。子となる内容のオブジェクト（例：論文の一部をなす図）のようなものだが，これは「構造 structural」という〈関係タイプ〉により関係の下に記録される。 指定コミュニティの状況において何が依存性を構成するのか，決定するのはリポジトリの役目である。 注記されたオブジェクト群は保存リポジトリの内部にあっても外部にあってもよい。		

意味単位	1.8.4.1 依存性名 dependencyName		
意味単位構成要素	なし		
定義	表現またはファイルによって必要とされる，構成要素や関連ファイルを指定する名前。		
設定理由	実際のオブジェクトの名前は〈依存性識別子〉からは自明ではないかもしれない。		
データの制約	なし		
オブジェクト・カテゴリ	表現	ファイル	ビットストリーム
適用	可	可	可
例		Corpora 言語のための追加要素セット	
繰り返し	可	可	可
義務	任意	任意	任意

意味単位	1.8.4.2 依存性識別子 dependencyIdentifier		
意味単位構成要素	1.8.4.2.1 依存性識別子タイプ dependencyIdentifierType 1.8.4.2.2 依存性識別子値 dependencyIdentifierValue		
定義	依存情報資源を識別するために用いられる一意の記号。		
データの制約	容器		
オブジェクト・カテゴリ	表現	ファイル	ビットストリーム
適用	可	可	可
繰り返し	可	可	可
義務	任意	任意	任意
使用法注記	〈依存性識別子〉は，世界的に一意ではなくとも，保存リポジトリ内においては一意でなくてはならない。		

意味単位	1.8.4.2.1 依存性識別子タイプ dependencyIdentifierType		
意味単位構成要素	なし		
定義	依存情報資源の識別子が一意である領域の表示記号。		
データの制約	値は統制語彙から取得されるべきである。		
オブジェクト・カテゴリ	表現	ファイル	ビットストリーム
適用	可	可	可
例		URI	
繰り返し	不可	不可	不可
義務	必須	必須	必須
使用法注記	保存リポジトリはオブジェクト識別子のタイプと値の両方を知る必要がある。値自体が識別子タイプ（例："oai:lib.uchicago.edu:1"）を含むとき，識別子タイプは明示的に記録される必要はない。同様に，もしリポジトリがただ一つのタイプの識別子を使うのなら，そのタイプを前提とすることができ，明示的に記録される必要はない。		

意味単位	1.8.4.2.2 依存性識別子値 dependencyIdentifierValue		
意味単位構成要素	なし		
定義	〈依存性識別子〉の値。		
データの制約	なし		
オブジェクト・カテゴリ	表現	ファイル	ビットストリーム
適用	可	可	可
例		http://www.teic.org/P4X/DTD/teicorp2.dtd	
繰り返し	不可	不可	不可
義務	必須	必須	必須

意味単位	1.8.5 ソフトウェア software		
意味単位構成要素	1.8.5.1 ソフトウェア名 swName 1.8.5.2 ソフトウェアの版 swVersion 1.8.5.3 ソフトウェアのタイプ swType 1.8.5.4 ソフトウェアの他の情報 swOtherInformation 1.8.5.5 ソフトウェアの依存性 swDependency		
定義	オブジェクトを提示あるいは利用するために要求されるソフトウェア。		
データの制約	容器		
オブジェクト・カテゴリ	表現	ファイル	ビットストリーム
適用	可	可	可
繰り返し	可	可	可
義務	任意	任意	任意
作成／維持注記	これを明示的に記録するとしたら，多くの異なったソフトウェア環境が適用されるだろう。たとえば，PDF ファイルのような特定のオブジェクトは，いくつものオペレーティング・システムおよびオペレーティング・システムの版の下で動くいくつものアプリケーションのいくつもの版によって見ることができる。少なくとも一つのソフトウェア環境が記録されるべきではあるが，すべてを記録する必要はない。各リポジトリはどのソフトウェア環境を記録するのか自身で決定しなければならない。 また，利用者には単一の提示プログラムと見えるものが，多くの依存性を持っていることがあり得る。システム・ユーティリティ，ランタイム・ライブラリーなどがこれに含まれるが，そのおのおのがまた，それ自身の依存性を持っているかもしれない。 環境についてと同様，メタデータはリポジトリ内外のフォーマット登録簿と連動することで，より効率的に管理できるかもしれない。フォーマットをソフトウェア環境に関連づける世界的なメカニズムは存在しないので，リポジトリは自分たち自身のローカルな「登録簿」を開発せざるを得ないかもしれない。		

意味単位	1.8.5.1 ソフトウェア名 swName		
意味単位構成要素	なし		
定義	ソフトウェア・アプリケーションの製造者とタイトル。		
データの制約	なし		
オブジェクト・カテゴリ	表現	ファイル	ビットストリーム
適用	可	可	可
例	Sybase	Adobe Photoshop Adobe Acrobat Reader	
繰り返し	不可	不可	不可
義務	必須	必須	必須
使用法注記	製造者を含めることが製品の識別や明確化に役立つ場合にはそうすること。たとえば，"Photoshop"ではなく"Adobe Photoshop"を使うこと。		

意味単位	1.8.5.2 ソフトウェアの版 swVersion		
意味単位構成要素	なし		
定義	〈ソフトウェア名〉で参照されているソフトウェアの版または複数の版。		
データの制約	なし		
オブジェクト・カテゴリ	表現	ファイル	ビットストリーム
適用	可	可	可
例		>=2.2.0 6.0 2000	
繰り返し	不可	不可	不可
義務	任意	任意	任意
使用法注記	もし正式な版がなければ，発行日を使ってもよい。		

意味単位	1.8.5.3 ソフトウェアのタイプ swType		
意味単位構成要素	なし		
定義	ソフトウェアのクラスあるいはカテゴリ。		
設定理由	オブジェクトをサポートするため，いくつかの異なった層のソフトウェアが要求されることがあり得る。		
データの制約	値は統制語彙から取得されるべきである。		
オブジェクト・カテゴリ	表現	ファイル	ビットストリーム
適用	可	可	可
繰り返し	不可	不可	不可
義務	必須	必須	必須
使用法注記	値の案： **提示プログラム renderer** ＝実際のフォーマットを表示／再生／実行できるアプリケーション。例：画像ビューアー，ビデオ・プレイヤー，Java 仮想マシン（フォーマットが Java クラス・ファイルのとき） **補助 ancillary** ＝要求される補助的ソフトウェア。例：ランタイム・ライブラリー，ブラウザのプラグ・イン，圧縮・解凍ルーチン，ユーティリティ，オペレーティング・システムのエミュレータ，等 **オペレーティング・システム operatingSystem** ＝アプリケーションの実行，プロセスのスケジュール，メモリ管理，ファイル・システム，等をサポートするソフトウェア **ドライバ driver** ＝主要な機能として，ハードウェアとオペレーティング・システムその他のソフトウェアとの間のコミュニケーションを行うソフトウェア		

意味単位	1.8.5.4 ソフトウェアの他の情報 swOtherInformation		
意味単位構成要素	なし		
定義	〈ソフトウェア名〉で参照されるソフトウェアに関する補足的な要件や指示。		
データの制約	なし		
オブジェクト・カテゴリ	表現	ファイル	ビットストリーム
適用	可	可	可
例		最初に Acroread（Adobe Acrobat）をインストール。	

		nppdf.so（プラグ・イン）を Mozilla のプラグ・イン・ディレクトリにコピーし，Acroread のコピー（またはシンボリック・リンク）が PATH の中にあることを確認。		
繰り返し	可	可	可
義務	任意	任意	任意
使用法注記	これはリポジトリ内外のソフトウェアの記録文書を指し示す，信頼できる永続的な識別子または URI でもよいだろう。		

意味単位	1.8.5.5 ソフトウェアの依存性 swDependency		
意味単位構成要素	なし		
定義	このオブジェクトを使用する状況において，〈ソフトウェア名〉で参照されるソフトウェアに必要とされる，すべてのソフトウェア構成要素の名前と，もしあれば，版。		
データの制約	なし		
オブジェクト・カテゴリ	表現	ファイル	ビットストリーム
適用	可	可	可
例		GNU gcc >= 2.7.2	
繰り返し	可	可	可
義務	任意	任意	任意
使用法注記	値は〈ソフトウェア名〉や〈ソフトウェアの版〉の構造と首尾一貫するように形成されるべきである。この意味単位は〈ソフトウェア名〉に記録されているものに必要とされるソフトウェアを同定識別する。たとえば，ある Perl モジュールに依存する Perl スクリプト。この場合，その Perl スクリプトが〈ソフトウェア名〉に，モジュールがソフトウェア容器内の〈ソフトウェアの依存性〉に記される。		

意味単位	1.8.6 ハードウェア hardware
意味単位構成要素	1.8.6.1 ハードウェア名 hwName 1.8.6.2 ハードウェアのタイプ hwType 1.8.6.3 ハードウェアの他の情報 hwOtherInformation
定義	〈ソフトウェア名〉で参照されるソフトウェアまたはそのソフトウェアの人間の利用者に必要なハードウェアの構成要素。
データの制約	容器

オブジェクト・カテゴリ	表現	ファイル	ビットストリーム
適用	可	可	可
繰り返し	可	可	可
義務	任意	任意	任意
作成／維持注記	ハードウェア環境情報は付与が非常に難しい。多くの異なったハードウェア環境が適用可能だろう。メーカーとCPU，メモリ，ビデオ・ドライバ等のタイプの組合せは非常に多く存在する。少なくとも一つのハードウェア環境が記録されるべきではあるが，すべてを記録する必要はないし，各リポジトリはどのハードウェア環境を記録するかについて自分たち自身で決定しなければならないだろう。 この情報を包括的に記録することは困難なため，最適と思われるのは，集中的な環境情報の登録簿が存在することである。多くの場合，ファイル・オブジェクトの環境はフォーマットに直結し，フォーマットによる登録簿の検索が有効である。フォーマットを〈ハードウェア環境〉に結びつける世界的なメカニズムが存在しない状態なので，リポジトリは自分たち自身のローカルな「登録簿」を開発せざるを得ないかもしれない。		

意味単位	1.8.6.1 ハードウェア名 hwName		
意味単位構成要素	なし		
定義	ハードウェアの製造者，モデル，版（あれば）。		
データの制約	なし		
オブジェクト・カテゴリ	表現	ファイル	ビットストリーム
適用	可	可	可
例		Intel Pentium III 1GB DRAM Windows XP 互換ジョイスティック	
繰り返し	不可	不可	不可
義務	必須	必須	必須
使用法注記	製品の識別や曖昧さの除去に役立つときは製造業者を含めること。 ファームウェアその他の構成要素の版の情報が関係する場合は，それも含めること。		

意味単位	1.8.6.2 ハードウェアのタイプ hwType		
意味単位構成要素	なし		
定義	ハードウェアのクラスまたはカテゴリ。		
データの制約	値は統制語彙から取得されるべきである。		
オブジェクト・カテゴリ	表現	ファイル	ビットストリーム
適用	可	可	可
繰り返し	不可	不可	不可
義務	必須	必須	必須
使用法注記	値の案：プロセッサ processor，メモリ memory，入出力装置 input/output device，記憶装置 storage device		

意味単位	1.8.6.3 ハードウェアの他の情報 hwOtherInformation		
意味単位構成要素	なし		
定義	〈ハードウェア名〉で参照されるハードウェアに関する補足的な要件や指示。		
設定理由	ハードウェアについては，必要な計算機資源（メモリ，記憶装置，プロセッサの速度等）の量が記録される必要があるかもしれない。さらに，ハードウェアを設置および／または操作するために，より詳細な指示が必要とされるかもしれない。		
データの制約	なし		
オブジェクト・カテゴリ	表現	ファイル	ビットストリーム
適用	可	可	可
例	最低 32MB	最低 32MB Apache に要求される RAM は不明	
繰り返し	可	可	可
義務	任意	任意	任意
使用法注記	これはハードウェアの記録文書を指し示す識別子または URI でもよいだろう。		

意味単位	1.8.7 環境の拡張 environmentExtension
意味単位構成要素	外部で定義
定義	PREMIS 外で定義された意味単位を含む容器。
設定理由	PREMIS が定義した単位を置き換えたり拡張したりする必要があるかもしれない。
データの制約	容器

オブジェクト・カテゴリ	表現	ファイル	ビットストリーム
適用	可	可	可
例			
繰り返し	可	可	可
義務	任意	任意	任意

使用法注記	さらなる詳細化あるいは外部定義の意味単位を利用するため，拡張性が提供されている。ローカルな意味単位または別に規定されたメタデータ体系を使用したメタデータが，PREMIS 定義の意味単位に代わって，あるいは追加して，付与可能である。外部定義のスキーマを使うときは，そのスキーマへの参照が提供されなくてはならない。「拡張性」（48 ページ）のより詳しい解説を参照のこと。 もし〈環境の拡張〉容器が〈環境〉下の PREMIS の下位単位のどれかに明示的に結びつけられる必要があるとしたら，〈環境〉容器は繰り返される。もし異なった外部スキーマからの拡張が必要だとしたら，この場合もまた〈環境〉が繰り返されるべきである。

意味単位	1.9 署名情報 signatureInformation		
意味単位構成要素	1.9.1 署名 signature 1.9.2 署名情報の拡張 signatureInformationExtension		
定義	PREMIS定義または外部定義のデジタル署名情報のための容器で，オブジェクトやオブジェクト中に含まれる情報の署名者を認証するため使われる。		
設定理由	リポジトリは受入時にファイルのデジタル署名を生成する方針かもしれないし，あるいは，入ってくるデジタル署名を収納して後で検証する必要があるかもしれない。		
データの制約	容器		
オブジェクト・カテゴリ	表現	ファイル	ビットストリーム
適用	不可	可	可
繰り返し		可	可
義務		任意	任意
使用法注記	〈署名〉または〈書名情報の拡張〉のいずれを使ってもよい。〈書名情報の拡張〉は，適用可能な場合，W3Cの「XML署名構文および処理 XML-Signature Syntax and Processing (www.w3.org/TR/2002/REC-xmldsig-core-20020212/)」で定義されているスキーマとともに使用することが奨励される。PREMIS定義および外部定義の意味単位の使用に関するより詳しい情報は，181ページのデジタル署名についての議論を参照のこと。		

意味単位	1.9.1 署名 signature
意味単位構成要素	1.9.1.1 署名コード化方式 signatureEncoding 1.9.1.2 署名者 signer 1.9.1.3 署名方法 signatureMethod 1.9.1.4 署名値 signatureValue 1.9.1.5 署名検証ルール signatureValidationRules 1.9.1.6 署名属性 signatureProperties 1.9.1.7 鍵情報 keyInformation
定義	オブジェクトやオブジェクトに含まれる情報の署名者を認証するため，デジタル署名を利用するのに必要な情報。
設定理由	リポジトリは受入時にファイルのデジタル署名を生成する方針かもしれないし，あるいは，入ってくるデジタル署名を収納して後で検証する必要があるかもしれない。
データの制約	容器

オブジェクト・カテゴリ	表現	ファイル	ビットストリーム
適用	不可	可	可
繰り返し		可	可
義務		任意	任意

使用法注記	〈署名情報〉のいくつかの意味単位構成要素は W3C の「XML 署名構文および処理 XML-Signature Syntax and Processing」からとられている。これらの意味単位の構造や適用に関する詳しい情報は www.w3.org/TR/2002/REC-xmldsig-core-20020212/ を参照のこと。(181 ページのデジタル署名についての議論も参照のこと。)

意味単位	1.9.1.1 署名コード化方式 signatureEncoding		
意味単位構成要素	なし		
定義	〈署名値〉，〈鍵情報〉の値のために使われるコード化方式。		
設定理由	これらの値はコード化方式がわからないと正しく解釈できない。		
データの制約	値は統制語彙から取得されるべきである。		
オブジェクト・カテゴリ	表現	ファイル	ビットストリーム
適用	不可	可	可
例		Base64 Ds:CrytoBinary	
繰り返し		不可	不可
義務		必須	必須

意味単位	1.9.1.2 署名者 signer		
意味単位構成要素	なし		
定義	署名の生成に責任のある個人，機関，あるいは権限保持者。		
設定理由	署名者は〈鍵情報〉の中に持つことも可能だろうが，ここに記録されていればより便利にアクセスできる。		
データの制約	なし		
オブジェクト・カテゴリ	表現	ファイル	ビットストリーム
適用	不可	可	可
繰り返し		不可	不可
義務		任意	任意
使用法注記	署名者がリポジトリの知っている「エージェント」であれば，ここでは〈エージェント識別子〉を使うこともできる。		

意味単位	1.9.1.3 署名方法 signatureMethod		
意味単位構成要素	なし		
定義	署名生成に使われる暗号化とハッシュのアルゴリズムの表示記号。		
理由	同じアルゴリズムが署名の検証に使われなければならない。		
データの制約	値は統制語彙から取得されるべきである。		
オブジェクト・カテゴリ	表現	ファイル	ビットストリーム
適用	不可	可	可
例		DSA-SHA1 RSA-SHA1	
繰り返し		不可	不可
義務		必須	必須
使用法注記	推奨される実践方法は，暗号化アルゴリズムを最初にコード化し，その次にハイフンを置き，ハッシュ（メッセージ・ダイジェスト）アルゴリズムを付け加えることである。		

意味単位	1.9.1.4 署名値 signatureValue		
意味単位構成要素	なし		
定義	デジタル署名。メッセージ・ダイジェストへの秘密鍵の適用によって生成された値。		
データの制約	なし		
オブジェクト・カテゴリ	表現	ファイル	ビットストリーム
適用	不可	可	可
例		juS5RhJ884qoFR8flVXd/rbrSDVGn40CapgB7qeQiT+rr0NekEQ6BHhUA8dT3+BCTBUQI0dBjlml9lwzENXvS83zRECjzXbMRTUtVZiPZG2pqKPnL2YU3A9645UCjTXU+jgFumv7k78hieAGDzNci+PQ9KRmm//icT7JaYztgt4=	
繰り返し		不可	不可
義務		必須	必須

意味単位	1.9.1.5 署名検証ルール signatureValidationRules		
意味単位構成要素	なし		
定義	デジタル署名を検証するために実行される操作。		
設定理由	リポジトリは，特定の鍵を検証する手続きが記録もないまま将来長年にわたって知られ続ける，という前提に立つべきではない。		
データの制約	なし		
オブジェクト・カテゴリ	表現	ファイル	ビットストリーム
適用	（訳注：原著には記載がないが，不可と解される）	可	可
繰り返し		不可	不可
義務		必須	必須
使用法注記	ここには，もしオブジェクトが署名の前に正規化されるのであれば，メッセージ・ダイジェストを計算する前に使われる正規化の方法が含まれるだろう。 また，値は記録文書へのポインタでもよいだろう。		

意味単位	1.9.1.6 署名属性 signatureProperties		
意味単位構成要素	なし		
定義	署名の生成についての補足的な情報。		
データの制約	なし		
オブジェクト・カテゴリ	表現	ファイル	ビットストリーム
適用	不可	可	可
繰り返し		可	可
義務		任意	任意
使用法注記	ここには署名生成の日時，使用された暗号ハードウェアの製造番号，その他の署名生成に関連する情報が含まれるだろう。リポジトリは〈署名属性〉に対して適度な詳しさの構造を定義したくなることだろう。		

意味単位	1.9.1.7 鍵情報 keyInformation
意味単位構成要素	拡張可能容器
定義	デジタル署名を確認するのに必要な署名者の公開鍵に関する情報。
設定理由	オブジェクトのデジタル署名を検証するためには，最初にオブジェクトのメッセージ・ダイジェストを再計算し，次に署名者の公開鍵を使って署名の値（〈署名値〉）が正しいことを確認する。したがって，リポジトリは公開鍵の値と，それが真に署名者のものであるという何らかの確証を持たなければならない。
データの制約	容器

オブジェクト・カテゴリ	表現	ファイル	ビットストリーム
適用	不可	可	可
繰り返し		不可	不可
義務		任意	任意

使用法注記	異なったタイプの鍵は異なった構造とパラメータを持つだろう。PREMIS はこの容器の構造を定義しない。推奨される実践方法は，W3C の「XML 署名構文および処理 XML-Signature Syntax and Processing（www.w3.org/TR/2002/REC-xmldsig-core-20020212/）」において "KeyInfo" が定義されているように鍵の値を表現することである。

意味単位	1.9.2 署名情報の拡張 signatureInformationExtension
意味単位構成要素	外部で定義
定義	PREMIS の外部で定義された意味単位を利用するデジタル署名情報。
設定理由	PREMIS が定義した単位を置き換えたり拡張したりする必要があるかもしれない。
データの制約	容器

オブジェクト・カテゴリ	表現	ファイル	ビットストリーム
適用	（訳注：原著には記載がないが，不可と解される）	可	可
繰り返し		可	可
義務		任意	任意
使用法注記	さらなる詳細化あるいは外部定義の意味単位を利用するため，拡張性が提供されている。ローカルな意味単位または別に規定されたメタデータ体系を使用したメタデータが，PREMIS 定義の意味単位に代わって，あるいは追加して，付与可能である。拡張スキーマを使うときは，そのスキーマへの参照が提供されなくてはならない。「拡張性」(48 ページ) のより詳しい解説を参照のこと。 もし〈署名情報の拡張〉容器が〈署名情報〉下の PREMIS の下位単位のどれかに明示的に結びつけられる必要があるとしたら，〈書名情報〉容器は繰り返される。もし異なった外部スキーマからの拡張が必要だとしたら，この場合もまた〈署名情報〉が繰り返されるべきである。 適用可能な場合，W3C の「XML 署名構文および処理 XML-Signature Syntax and Processing (www.w3.org/TR/2002/REC-xmldsig-core-20020212/)」の利用が奨励される。		

意味単位	1.10 関係 relationship
意味単位構成要素	1.10.1 関係タイプ relationshipType 1.10.2 関係サブタイプ relationshipSubType 1.10.3 関係オブジェクト識別 relatedObjectIdentification 1.10.4 関係イベント識別 relatedEventIdentification
定義	このオブジェクトと他の一つ以上のオブジェクトとの間の関係に関する情報。
設定理由	保存リポジトリは，構成要素から複合的なオブジェクトをどのように組み立てるか（構造関係）を知らなくてはならないし，デジタル来歴（派生関係）を厳密にたどらなくてはならない。異なったオブジェクト間の関係についての記録は，こうした目的にとって決定的に重要である。
データの制約	容器

オブジェクト・カテゴリ	表現	ファイル	ビットストリーム
適用	可	可	可
繰り返し	可	可	可
義務	任意	任意	任意
使用法注記	ほとんどの保存リポジトリは，関連する関係をすべて記録することを望むだろう。 複雑なシナリオでは，PREMIS は構造関係を十分に表現することができず，構造メタデータの唯一の供給源にはなり得ないかもしれない。 ここで指定した意味単位の代わりに，構造情報を表すのに多くのフォーマットが使用可能だろう。この情報は知られなくてはならないものだが，これを知るのに他の構造を使う実現方法もあることだろう。 ファイル・レベルの構造関係は，表現が提示できることを確かめるため表現を再構築するのに必要である。 表現レベルの構造関係のレコードは，表現を提示するのに必要だろう。 ビットストリーム・レベルの構造関係は，ファイル内の複数のビットストリームを関係づけることができる。 ファイルおよび表現レベルの派生関係は，デジタル来歴を記録するために重要である。		

意味単位	1.10.1 関係タイプ relationshipType
意味単位構成要素	なし
定義	関係の性質の高レベルでのカテゴリ分け。
データの制約	値は統制語彙から取得されるべきである。
オブジェクト・カテゴリ	表現 / ファイル / ビットストリーム
適用	可 / 可 / 可
繰り返し	不可 / 不可 / 不可
義務	必須 / 必須 / 必須
使用法注記	値の案： **構造 structural** ＝オブジェクトの部分間の関係 **派生 derivation** ＝あるオブジェクトは関係するオブジェクトに行われた変換の結果であるという関係 リポジトリは関係のタイプをさらに追加して定義する必要があると思うかもしれない。

意味単位	1.10.2 関係サブタイプ relationshipSubType
意味単位構成要素	なし
定義	〈関係タイプ〉で記録された関係の性質の特定的な性格記述。
データの制約	値は統制語彙から取得されるべきである。
オブジェクト・カテゴリ	表現 / ファイル / ビットストリーム
適用	可 / 可 / 可
繰り返し	不可 / 不可 / 不可
義務	必須 / 必須 / 必須
使用法注記	値の案： **兄弟を持つ has sibling** ＝オブジェクトは関係オブジェクトと共通の親を持つ。 **の部分である is part of** ＝オブジェクトは関係オブジェクトに含まれる（これらが同じエンティティ・タイプのとき）。 **部分を持つ has part** ＝オブジェクトは関係オブジェクトを含む（これらが同じエンティティ・タイプのとき）。 **の元である is source of** ＝関係オブジェクトはこのオブジェクトから変換によって作られた版である。 **元を持つ has source** ＝オブジェクトは関係オブジェクトから変換の結果，派生している。 **ルート（根）を持つ has root** ＝表現に関してのみだが，関係付けられたオブジェクトは表現を提示するために最初に処理

されなければならないファイルである。
を含む includes = 表現のファイルに対する，あるいはファイルのビットストリームに対する関係として，記述されたオブジェクトは参照されたオブジェクトを含む。
に含まれる is included in = ファイルの表現に対する，あるいはビットストリームのファイルに対する関係として，記述されたオブジェクトは参照されたオブジェクトに含まれる。

リポジトリは，よりきめの細かい，あるいは粗い，関係を定義する必要があると思うかもしれない。派生関係については，正確な関係は関係イベントのタイプによって示されるであろうことに注意。

「ルートを持つ」という関係は表現に対してのみ適用可能である。なぜならこれは，複合オブジェクト（すなわち，複数のファイルからできているもの）を提示するのに，一つのファイルがルート（根）として最初に取り上げられる必要があることを意味するからである。表現用のメタデータでは，「ルートを持つ」はその特定のファイルを同定識別する。

意味単位	1.10.3 関係オブジェクト識別 relatedObjectIdentification		
意味単位構成要素	1.10.3.1 関係オブジェクト識別子タイプ relatedObjectIdentifierType 1.10.3.2 関係オブジェクト識別子値 relatedObjectIdentifierValue 1.10.3.3 関係オブジェクトの順序 relatedObjectSequence		
定義	関係情報資源の識別子および順序関係。		
データの制約	容器		
オブジェクト・カテゴリ	表現	ファイル	ビットストリーム
適用	可	可	可
繰り返し	可	可	可
義務	必須	必須	必須
使用法注記	関係オブジェクトは保存リポジトリ内に所蔵してもしなくてもよい。推奨される実践方法は，外部のオブジェクトを参照するもっともな理由がない限り，リポジトリ内にオブジェクトを置くことである。内部の参照か外部の参照かは明確にすべきである。		

意味単位	1.10.3.1 関係オブジェクト識別子タイプ relatedObjectIdentifierType		
意味単位構成要素	なし		
定義	識別子が一意である領域の表示記号。		
データの制約	値は統制語彙から取得されるべきである。		
オブジェクト・カテゴリ	表現	ファイル	ビットストリーム
適用	可	可	可
例	[〈オブジェクト識別子タイプ〉の例参照]	[〈オブジェクト識別子タイプ〉の例参照]	[〈オブジェクト識別子タイプ〉の例参照]
繰り返し	不可	不可	不可
義務	必須	必須	必須
使用法注記	もし関係オブジェクトが保存リポジトリ内に所蔵されていれば，これはそのオブジェクトの〈オブジェクト識別子タイプ〉の値となるはずである。		

意味単位	1.10.3.2 関係オブジェクト識別子値 relatedObjectIdentifierValue		
意味単位構成要素	なし		
定義	関係するオブジェクトの識別子の値。		
データの制約	なし		
オブジェクト・カテゴリ	表現	ファイル	ビットストリーム
適用	可	可	可
例	[〈オブジェクト識別子値〉の例参照]	[〈オブジェクト識別子値〉の例参照]	[〈オブジェクト識別子値〉の例参照]
繰り返し	不可	不可	不可
義務	必須	必須	必須
使用法注記	もし関係オブジェクトが保存リポジトリ内に所蔵されていれば，これはそのオブジェクトの〈オブジェクト識別子値〉の値となるはずである。		

意味単位	1.10.3.3 関係オブジェクトの順序 relatedObjectSequence
意味単位構成要素	なし
定義	関係オブジェクトの，同じタイプの関係を持つ他のオブジェクトに対する順序。
設定理由	この意味単位は構造関係にとって特に有用である。表現を再構築するためには，兄弟あるいは部分 - 全体関係を持つ構成要素の順序を知る必要があるかもしれない。たとえば，ページ画像の本を提示するためには，ページを表現するファイル群の順序を知る必要がある。
データの制約	なし

オブジェクト・カテゴリ	表現	ファイル	ビットストリーム
適用	可	可	可
例		1 2 3	
繰り返し	不可	不可	不可
義務	任意	任意	任意
使用法注記	この意味単位はいくつかの方法で実装できるだろう。順序番号として，あるいはポインタとしてメタデータ中に明示的に記録することもできるだろう。何か他のオブジェクトの順序の中に暗黙のうちに示すこともできるだろう（たとえば，識別子の値の順）。〈関係サブタイプ〉の値が順序を意味することもできよう（例：「先行する兄弟である is preceding sibling」，「後に続く兄弟である is following sibling」）。 順序の番号が一意であるとか連続的であるといった必要性はない。 関係するオブジェクト群が内在的な順序を持たない場合もある。たとえば，順序づけのないウェブ・ページがウェブ・サイトを構築する。この場合，すべての関係オブジェクトに「ダミー」の順序番号ゼロを与えることができる。 この意味単位は構造関係に対してのみ適用可能であり，したがってオプションである。			

意味単位	1.10.4 関係イベント識別 relatedEventIdentification
意味単位構成要素	1.10.4.1 関係イベント識別子タイプ relatedEventIdentifierType 1.10.4.2 関係イベント識別子値 relatedEventIdentifierValue 1.10.4.3 関係イベントの順序 relatedEventSequence
定義	関係と結びつけられたイベントの識別子および順序関係。
設定理由	オブジェクトが他のオブジェクトに関係づけられるのは，イベント（たとえば移行）が理由かもしれない。
データの制約	容器
オブジェクト・カテゴリ	表現	ファイル	ビットストリーム
適用	可	可	可
繰り返し	可	可	可
義務	任意	任意	任意
使用法注記	オブジェクト間の派生関係に対しては〈関係イベント識別〉が記録されなくてはならない。

意味単位	1.10.4.1 関係イベント識別子タイプ relatedEventIdentifierType
意味単位構成要素	なし
定義	関係イベントの〈イベント識別子タイプ〉。
データの制約	存在する〈イベント識別子タイプ〉の値でなくてはならない。
オブジェクト・カテゴリ	表現	ファイル	ビットストリーム
適用	可	可	可
例	[〈イベント識別子タイプ〉の例参照]	[〈イベント識別子タイプ〉の例参照]	[〈イベント識別子タイプ〉の例参照]
繰り返し	不可	不可	不可
義務	必須	必須	必須
使用法注記	ほとんどの保存リポジトリにとって，〈イベント識別子タイプ〉は単に内部の番号づけシステムになるだろう。システム内部では暗黙のもので，データが外に出される場合のみ明示的に付与されるということでもよい。

意味単位	1.10.4.2 関係イベント識別子値 relatedEventIdentifierValue		
意味単位構成要素	なし		
定義	関係イベントの〈イベント識別子値〉。		
データの制約	存在する〈イベント識別子値〉の値でなくてはならない。		
オブジェクト・カテゴリ	表現	ファイル	ビットストリーム
適用	可	可	可
例	[〈イベント識別子値〉の例参照]	[〈イベント識別子値〉の例参照]	[〈イベント識別子値〉の例参照]
繰り返し	不可	不可	不可
義務	必須	必須	必須

意味単位	1.10.4.3 関係イベントの順序 relatedEventSequence		
意味単位構成要素	なし		
定義	関係するイベントの順序。		
データの制約	なし		
オブジェクト・カテゴリ	表現	ファイル	ビットストリーム
適用	可	可	可
例		1 2 3	
繰り返し	不可	不可	不可
義務	任意	任意	任意
使用法注記	関係イベントの順序は，関係イベントに付された〈イベント日時〉から推測可能。		

意味単位	1.11 リンクするイベントの識別子 linkingEventIdentifier		
意味単位構成要素	1.11.1 リンクするイベントの識別子タイプ 　　　　linkingEventIdentifierType 1.11.2 リンクするイベントの識別子値 　　　　linkingEventIdentifierValue		
定義	オブジェクトに結びつけられたイベントの〈イベント識別子〉。		
データの制約	容器		
オブジェクト・カテゴリ	表現	ファイル	ビットストリーム
適用	可	可	可
繰り返し	可	可	可
義務	任意	任意	任意
使用法注記	フォーマット検証，ウィルス・チェック等の，オブジェクト間の関係に結びつけられていないイベントへのリンクに使うこと。		

意味単位	1.11.1 リンクするイベントの識別子タイプ 　　　　linkingEventIdentifierType		
意味単位構成要素	なし		
定義	関係イベントの〈イベント識別子タイプ〉の値。		
データの制約	存在する〈イベント識別子タイプ〉の値でなくてはならない。		
オブジェクト・カテゴリ	表現	ファイル	ビットストリーム
適用	可	可	可
例	[〈イベント識別子タイプ〉の例参照]	[〈イベント識別子タイプ〉の例参照]	[〈イベント識別子タイプ〉の例参照]
繰り返し	不可	不可	不可
義務	必須	必須	必須
使用法注記	ほとんどの保存リポジトリにとって，〈イベント識別子タイプ〉は単に内部の番号づけシステムになるだろう。システム内部では暗黙のもので，データが外に出される場合のみ明示的に付与されるということでもよい。		

意味単位	1.11.2 リンクするイベントの識別子値 linkingEventIdentifierValue		
意味単位構成要素	なし		
定義	関係イベントの〈イベント識別子値〉の値。		
データの制約	存在する〈イベント識別子値〉の値でなくてはならない。		
オブジェクト・カテゴリ	表現	ファイル	ビットストリーム
適用	可	可	可
例	[〈イベント識別子値〉の例参照]	[〈イベント識別子値〉の例参照]	[〈イベント識別子値〉の例参照]
繰り返し	不可	不可	不可
義務	必須	必須	必須

意味単位	1.12 リンクする知的エンティティの識別子 linkingIntellectualEntityIdentifier		
意味単位構成要素	1.12.1 リンクする知的エンティティの識別子タイプ linkingIntellectualEntityIdentifierType 1.12.2 リンクする知的エンティティの識別子値 linkingIntellectualEntityIdentifierValue		
定義	オブジェクトに結びつけられた知的エンティティの識別子。		
データの制約	容器		
オブジェクト・カテゴリ	表現	ファイル	ビットストリーム
適用	可	可	可
繰り返し	可	可	可
義務	任意	任意	任意
使用法注記	オブジェクトに関係する知的エンティティにリンクするために使うこと。これは知的エンティティまたはそれを参照可能な何か別の代理物を記述する記述メタデータへのリンクでもよい。このリンクはメタデータが提供されるオブジェクトよりも高い概念レベルでのオブジェクトの識別子に対するもの，たとえば，コレクションや親オブジェクトに対するものになりそうである。		

意味単位	1.12.1 リンクする知的エンティティの識別子タイプ linkingIntellectualEntityIdentifierType		
意味単位構成要素	なし		
定義	〈リンクする知的エンティティの識別子〉が一意である領域の表示記号。		
データの制約	値は統制語彙から取得されるべきである。		
オブジェクト・カテゴリ	表現	ファイル	ビットストリーム
適用	可	可	可
例		URI LCCN	
繰り返し	不可	不可	不可
義務	必須	必須	必須

意味単位	1.12.2 リンクする知的エンティティの識別子値 linkingIntellectualEntityIdentifierValue		
意味単位構成要素	なし		
定義	〈リンクする知的エンティティの識別子〉の値。		
データの制約	なし		
オブジェクト・カテゴリ	表現	ファイル	ビットストリーム
適用	可	可	可
例	hdl:loc.natlib/mrva0002.0495 info:lccn/19018302		
繰り返し	不可	不可	不可
義務	必須	必須	必須

意味単位	1.13 リンクする権利文書の識別子 linkingRightsStatementIdentifier		
意味単位構成要素	1.13.1 リンクする権利文書の識別子タイプ linkingRightsStatementIdentifierType 1.13.2 リンクする権利文書の識別子値 linkingRightsStatementIdentifierValue		
定義	オブジェクトに結びつけられた権利文書の識別子。		
設定理由	リポジトリは権利文書からオブジェクトへ，あるいはオブジェクトから権利文書へ，あるいは双方向へリンクすることを選択するかもしれない。		
データの制約	容器		
オブジェクト・カテゴリ	表現	ファイル	ビットストリーム
適用	可	可	可
繰り返し	可	可	可
義務	任意	任意	任意

意味単位	1.13.1 リンクする権利文書の識別子タイプ linkingRightsStatementIdentifierType		
意味単位構成要素	なし		
定義	〈リンクする権利文書の識別子〉が一意である領域の表示記号。		
データの制約	値は統制語彙から取得されるべきである。		
オブジェクト・カテゴリ	表現	ファイル	ビットストリーム
適用	可	可	可
例		URI LCCN	
繰り返し	不可	不可	不可
義務	必須	必須	必須

意味単位	1.13.2 リンクする権利文書の識別子値 linkingRightsStatementIdentifierValue		
意味単位構成要素	なし		
定義	〈リンクする権利文書の識別子〉の値。		
データの制約	なし		
オブジェクト・カテゴリ	表現	ファイル	ビットストリーム
適用	可	可	可
繰り返し	不可	不可	不可
義務	必須	必須	必須

イベント・エンティティ

「イベント」エンティティは一つ以上の「オブジェクト」エンティティにかかわる活動についての情報をまとめる。「イベント」についてのメタデータは通常デジタル・オブジェクトから切り離されて記録・蓄積されるだろう。

保存リポジトリが「イベント」を記録するかどうかは，そのイベントの重要性による。オブジェクトに変更を加えるような活動は常に記録されるべきである。その他の，オブジェクトをバックアップ目的でコピーするといったような活動は，システム・ログや追跡記録には記録されるだろうが，必ずしも「イベント」エンティティに記録する必要はない。

必須の意味単位：〈イベント識別子 eventIdentifier〉，〈イベント・タイプ eventType〉，〈イベント日時 eventDateTime〉

エンティティの属性
・一つ以上のオブジェクトに関係づけられていなければならない。
・一つ以上のエージェントに関係づけることができる。
・エンティティ間のリンクはどちらの側からも可能で，双方向である必要はない。

エンティティの意味単位
2.1　イベント識別子 eventIdentifier（M, NR）
　2.1.1　イベント識別子タイプ eventIdentifierType（M, NR）
　2.1.2　イベント識別子値 eventIdentifierValue（M, NR）
2.2　イベント・タイプ eventType（M, NR）
2.3　イベント日時 eventDateTime（M, NR）
2.4　イベント詳細 eventDetail（O, NR）
2.5　イベント結果情報 eventOutcomeInformation（O, R）
　2.5.1　イベント結果 eventOutcome（O, NR）

2.5.2　イベント結果詳細 eventOutcomeDetail（O, R）
　　2.5.2.1　イベント結果詳細注記 eventOutcomeDetailNote（O, NR）
　　2.5.2.2　イベント結果詳細の拡張 eventOutcomeDetailExtension（O, R）
2.6　リンクするエージェントの識別子 linkingAgentIdentifier（O, R）
　2.6.1　リンクするエージェントの識別子タイプ linkingAgentIdentifierType（M, NR）
　2.6.2　リンクするエージェントの識別子値 linkingAgentIdentifierValue（M, NR）
　2.6.3　リンクするエージェントの役割 linkingAgentRole（O, R）
2.7　リンクするオブジェクトの識別子 linkingObjectIdentifier（O, R）
　2.7.1　リンクするオブジェクトの識別子タイプ linkingObjectIdentifierType（M, NR）
　2.7.2　リンクするオブジェクトの識別子値 linkingObjectIdentifierValue（M, NR）
　2.7.3　リンクするオブジェクトの役割 linkingObjectRole（O, R）

（訳注：原著には表示がないが，M は必須，O は任意，R は繰り返し可，NR は繰り返し不可を意味すると考えられる。）

意味単位	2.1 イベント識別子 eventIdentifier
意味単位構成要素	2.1.1 イベント識別子タイプ eventIdentifierType 2.1.2 イベント識別子値 eventIdentifierValue
定義	保存リポジトリ・システム内でイベントを一意に同定識別するために使用される表示記号。
設定理由	保存アーカイブによって記録される各イベントは，オブジェクト，エージェント，他のイベントに関係づけられるようにするため，一意の識別子を持たなければならない。
データの制約	容器
繰り返し	不可
義務	必須
作成／維持注記	〈イベント識別子〉はおそらくシステムが生成するだろう。これらの識別子に関する世界的な枠組みあるいは標準は存在しない。したがってこの識別子は繰り返し不可である。

意味単位	2.1.1 イベント識別子タイプ eventIdentifierType
意味単位構成要素	なし
定義	イベント識別子が一意である領域の表示記号。
データの制約	なし
例	FDA StanfordRepository Event ID UUID
繰り返し	不可
義務	必須
作成／維持注記	ほとんどの保存リポジトリにとって，〈イベント識別子タイプ〉は内部の番号づけシステムになるだろう。システム内部では暗黙のもので，データが外に出される場合のみ明示的に付与されるということでもよい。

意味単位	2.1.2 イベント識別子値 eventIdentifierValue
意味単位構成要素	なし
定義	〈イベント識別子〉の値。
データの制約	なし
例	[a binary integer（2進整数）] E-2004-11-13-000119 58f202ac-22cf-11d1-b12d-002035b29092
繰り返し	不可
義務	必須

意味単位	2.2 イベント・タイプ eventType
意味単位構成要素	なし
定義	イベントの性質の分類。
理由	イベントを分類することは，イベント情報の機械処理，とりわけ報告，において保存リポジトリを助けるだろう。
データの制約	値は統制語彙から取得されるべきである。
例	E77 [特定のイベント・タイプに対してリポジトリ内で使用されるコード] 受入 Ingest
繰り返し	不可
義務	必須
使用法注記	各リポジトリは〈イベント・タイプ〉の値の統制語彙を自ら定義すべきである。検討のためのたたき台リスト（より詳細な定義については用語集も参照のこと）： 捕捉 capture ＝リポジトリが能動的にオブジェクトを獲得するためのプロセス 圧縮 compression ＝記憶容量や伝送時間を節約するためデータをコード化するプロセス 作成 creation ＝新しいオブジェクトを作成する行為 除籍 deaccession ＝オブジェクトをリポジトリの目録から取り除くプロセス 解凍 decompression ＝データ圧縮の結果を元に戻すプロセス 復号 decryption ＝暗号化されたデータをプレーンテキストに変換するプロセス 削除 deletion ＝オブジェクトをリポジトリの記憶装置から取り除くプロセス

デジタル署名検証 digital signature validation ＝復号されたデジタル署名が期待される値と合致することを確定するプロセス

配布 dissemination ＝オブジェクトをリポジトリの記憶装置から取り出し，利用者が入手できるようにするプロセス

不変性チェック fixity check ＝オブジェクトが所定の期間変更されなかったことを検証するプロセス

受入 ingestion ＝保存リポジトリにオブジェクトを加えるプロセス

メッセージ・ダイジェスト計算 message digest calculation ＝メッセージ・ダイジェスト（「ハッシュ」）が作成されるプロセス

移行 migration ＝より時代に合ったフォーマットの版を作り出すオブジェクトの変換

正規化 normalization ＝より保存に適した版を作り出すオブジェクトの変換

複製 replication ＝ビット・レベルでオリジナルと同一であるオブジェクトのコピーを作成するプロセス

検証 validation ＝オブジェクトを標準と比較し，準拠性や例外に注意するプロセス

ウィルス・チェック virus check ＝悪意のあるプログラムを防ぐためファイルを検査するプロセス

移行，正規化，複製は作成イベントのより正確なサブタイプであることに注意。より正確な用語が適用されないときに「作成」を用いることができる。たとえば，デジタル・オブジェクトが最初に紙からスキャンして作成されたときなど。一般に，イベントのタイプを記録するにあたっての特定性のレベル（例：〈イベント・タイプ〉は変換，移行，あるいは特定の移行方法を示すのかどうか）は実装次第で，どのように報告や処理が行われるかに依存するだろう。

推奨される実践方法は，イベント自体についての詳細な情報は〈イベント詳細〉に記録し，〈イベント・タイプ〉ではあまり細かな値を使わないということである。

意味単位	2.3 イベント日時 eventDateTime
意味単位構成要素	なし
定義	イベントが起こった単独の日時，あるいは期間。
データの制約	機械処理を助けるため，値は構造化された形を使うべきである。PREMIS 準拠メタデータの交換を容易にするため，たとえば PREMIS スキーマ中のデータ要素で使われているような，標準的な慣行の採用が推奨される。
例	20050704T071530-0500 [July 4, 2005 at 7:15:30 a.m. EST] 2006-07-16T19:20:30+01:00 20050705T0715-0500/20050705T0720-0500[from 7:15 a.m. EST to 7:20 a.m. EST on July 4, 2005] 2004-03-17 [March 17, 2004, 日付だけわかっている]
繰り返し	不可
義務	必須
使用法注記	推奨される実践方法は，可能な限り細かい時間を記録し，時間帯を指定することである。

意味単位	2.4 イベント詳細 eventDetail
意味単位構成要素	なし
定義	イベントについての追加情報。
データの制約	なし
例	オブジェクトはキャロライン・ハントの要請で永久に取り下げられた。Object permanently withdrawn by request of Caroline Hunt. プログラム Program="MIGJP2JP2K"; 版 version="2.2"
繰り返し	不可
義務	任意
使用法注記	〈イベント詳細〉は機械によって処理されることを意図していない。イベントについての情報や他の場所に保存されている情報の指摘を，どのようなものでも記録できる。

意味単位	2.5 イベント結果情報 eventOutcomeInformation
意味単位構成要素	2.5.1 イベント結果 eventOutcome 2.5.2 イベント結果詳細 eventOutcomeDetail
定義	イベントの結果についての情報。
データの制約	容器
繰り返し	可
義務	任意
使用法注記	リポジトリはコード化された〈イベント結果〉の値を〈イベント結果詳細〉の追加情報で補足することを望むかもしれない。イベントは一つ以上の結果をもたらすこともあるので，この容器は繰り返し可能である。 この意味単位のすべての下位単位はオプションである。この容器が含まれるのであれば，少なくとも一つの下位単位（すなわち，〈イベント結果〉または〈イベント結果詳細〉）が存在しなくてはならない。

意味単位	2.5.1 イベント結果 eventOutcome
意味単位構成要素	なし
定義	成功か，部分的成功か，あるいは失敗かに関する，イベントの全体的結果の分類。
設定理由	イベントの結果をコードで表現する方法は機械による処理・報告に役立つかもしれない。たとえば，もし不変性チェックが失敗であれば，イベント・レコードは作動可能な記録と永続的な記録の両方を提供する。
データの制約	値は統制語彙から取得されるべきである。
例	00 [「動作無事完了」を意味するコード] CV-01 [「チェックサム確認」を意味するコード]
繰り返し	不可
義務	任意
使用法注記	推奨される実践方法は，システムが自動的に作動できるような統制語彙を使用することである。結果についてのさらなる詳細は〈イベント結果詳細〉に記録してもよい。 推奨される実践方法は，各イベントが単一の結果を持つように十分な詳細度でイベントを定義することである。

意味単位	2.5.2 イベント結果詳細 eventOutcomeDetail
意味単位構成要素	2.5.2.1 イベント結果詳細注記 eventOutcomeDetailNote 2.5.2.2 イベント結果詳細の拡張 eventOutcomeDetailExtension
定義	イベントの結果あるいは生産物の詳細な記述。
設定理由	イベント結果は，コード化された記述では，十分に記録できないほど複雑なことがあり得る。
データの制約	容器
繰り返し	不可
義務	任意
使用法注記	これはイベントにかかわるプログラムによって出されたすべてのエラーおよび警告メッセージを記録するため，あるいはエラー・ログへのポインタを記録するために使用してもよい。もしイベントが有効性チェック（例：プロファイル適合性）であれば，発見された異常や変形はすべてここに記録されるだろう。 この意味単位のすべての下位単位はオプションである。この容器が含まれるのであれば，少なくとも一つの下位単位（すなわち，〈イベント結果詳細注記〉または〈イベント結果詳細の拡張〉）が存在しなくてはならない。

意味単位	2.5.2.1 イベント結果詳細注記 eventOutcomeDetailNote
意味単位構成要素	なし
定義	イベントの結果あるいは生産物のテキスト形式での詳細な記述。
設定理由	イベントの結果についてテキスト形式での追加情報が必要とされるかもしれない。
データの制約	なし
例	LZW 圧縮ファイル ヘッダーに非標準のタグあり
繰り返し	不可
義務	任意

意味単位	2.5.2.2 イベント結果詳細の拡張 eventOutcomeDetailExtension
意味単位構成要素	外部で定義
定義	PREMIS の外部で定義された意味単位を含む容器。
設定理由	PREMIS が定義した単位を置き換えたり拡張したりする必要があるかもしれない。
データの制約	容器
繰り返し	可
義務	任意
使用法注記	さらなる詳細化あるいは外部定義の意味単位を利用するため，拡張性が提供されている。ローカルな意味単位または別に規定されたメタデータ体系を使用したメタデータが，PREMIS 定義の意味単位に代わって，あるいは追加して，付与可能である。拡張スキーマを使うときは，そのスキーマへの参照が提供されなくてはならない。「拡張性」(48 ページ) のより詳しい解説を参照のこと。 もし〈イベント結果詳細の拡張〉容器が〈イベント結果詳細〉下の PREMIS の下位単位のどれかに明示的に結びつけられる必要があるとしたら，〈イベント結果詳細〉容器は繰り返される。もし異なった外部スキーマからの拡張が必要だとしたら，この場合もまた〈イベント結果詳細〉が繰り返されるべきである。

意味単位	2.6 リンクするエージェントの識別子 linkingAgentIdentifier
意味単位構成要素	2.6.1 リンクするエージェントの識別子タイプ linkingAgentIdentifierType 2.6.2 リンクするエージェントの識別子値 linkingAgentIdentifierValue 2.6.3 リンクするエージェントの役割 linkingAgentRole
定義	イベントに結びつけられたエージェントについての情報。
設定理由	デジタル来歴では，しばしばエージェントとイベントの関係を記録することが要求される。
データの制約	容器
繰り返し	可
義務	任意
使用法注記	推奨される実践方法は，可能であればエージェントを記録することである。

意味単位	2.6.1 リンクするエージェントの識別子タイプ linkingAgentIdentifierType
意味単位構成要素	なし
定義	リンクするエージェントの識別子が一意である領域の表示記号。
データの制約	値は統制語彙から取得されるべきである。
例	[〈エージェント識別子タイプ〉の例参照]
繰り返し	不可
義務	必須

意味単位	2.6.2 リンクするエージェントの識別子値 linkingAgentIdentifierValue
意味単位構成要素	なし
定義	リンクするエージェントの識別子の値。
データの制約	なし
例	[〈エージェント識別子値〉の例参照]
繰り返し	不可
義務	必須

意味単位	2.6.3 リンクするエージェントの役割 linkingAgentRole
意味単位構成要素	なし
定義	このイベントに関係するエージェントの役割。
設定理由	イベントには二つ以上のエージェントを結びつけることができる。各エージェントの役割を記録することが必要となるかもしれない。
データの制約	値は統制語彙から取得されるべきである。
例	認定者 Authorizer 実装者 Implementer 検証者 Validator 実行プログラム Executing program
繰り返し	可
義務	任意

意味単位	2.7 リンクするオブジェクトの識別子 linkingObjectIdentifier
意味単位構成要素	2.7.1 リンクするオブジェクトの識別子タイプ linkingObjectIdentifierType 2.7.2 リンクするオブジェクトの識別子値 linkingObjectIdentifierValue 2.7.3 リンクするオブジェクトの役割 linkingObjectRole
定義	イベントに結びつけられたオブジェクトについての情報。
設定理由	デジタル来歴では，しばしばエージェントとイベントの関係を記録することが要求される。
データの制約	容器
繰り返し	可
義務	任意

意味単位	2.7.1 リンクするオブジェクトの識別子タイプ linkingObjectIdentifierType
意味単位構成要素	なし
定義	リンクするオブジェクトの識別子が一意である領域の表示記号。
データの制約	値は統制語彙から取得されるべきである。
例	[〈オブジェクト識別子タイプ〉の例参照]
繰り返し	不可
義務	必須

意味単位	2.7.2 リンクするオブジェクトの識別子値 linkingObjectIdentifierValue
意味単位構成要素	なし
定義	リンクするオブジェクトの識別子の値。
データの制約	なし
例	[〈オブジェクト識別子値〉の例参照]
繰り返し	不可
義務	必須

意味単位	2.7.3 リンクするオブジェクトの役割 linkingObjectRole
意味単位構成要素	なし
定義	イベントに結びつけられたオブジェクトの役割。
設定理由	イベントに関係するオブジェクトの役割を区別する。もしこれが明確でなければ，オブジェクト・メタデータにおけるオブジェクト間の関係を分析することが必要である。
データの制約	なし
例	元データ source 結果 outcome
繰り返し	可
義務	任意

エージェント・エンティティ

「エージェント」エンティティはデータ・オブジェクトの一生における権利の管理や保存イベントに関連するエージェント（個人，組織，あるいはソフトウェア）の属性や性格についての情報をまとめる。エージェント情報は，あるエージェントを他のすべての「エージェント」エンティティと明確に区別して識別するのに役立つ。

必須の意味単位は〈エージェント識別子 agentIdentifier〉のみである。

エンティティの属性
・一つ以上の権利を保持または許諾できる。
・一つ以上のイベントを実行，認可，あるいは強制できる。
・イベントを通してあるいは権利文書に関して，一つ以上のオブジェクトを作成，またはオブジェクトに作用することができる。

エンティティの意味単位
3.1　エージェント識別子 agentIdentifier（R, M）
　　3.1.1　エージェント識別子タイプ agentIdentifierType（M, NR）
　　3.1.2　エージェント識別子値 agentIdentifierValue（M, NR）
3.2　エージェント名 agentName（O, R）
3.3　エージェント・タイプ agentType（O, NR）

（訳注：原著には表示がないが，M は必須，O は任意，R は繰り返し可，NR は繰り返し不可を意味すると考えられる。）

意味単位	3.1 エージェント識別子 agentIdentifier
意味単位構成要素	3.1.1 エージェント識別子タイプ agentIdentifierType 3.1.2 エージェント識別子値 agentIdentifierValue
定義	保存リポジトリ・システム内でエージェントを一意に同定識別するのに使われる表示記号。
設定理由	保存リポジトリに関係する各エージェントは，イベントや許諾文書に結びつけられるために，一意の識別子を持たなければならない。
データの制約	容器
繰り返し	可
義務	必須
作成／維持注記	識別子はリポジトリ・システムによって作成されてもよいし，リポジトリの外部で作成または割り当てられてもよい。同様に，識別子は自動的に生成されてもよいし手動で生成されてもよい。推奨される実践方法は，識別子が一意でリポジトリに使用可能ことを確実にするため，リポジトリによって自動的に作成された識別子を第一識別子として使用することである。外部で割り当てられた識別子は，エージェントをリポジトリ外に保持されている情報にリンクするため，二次的な識別子として使用できる。
使用法注記	識別子はリポジトリ内では一意でなくてはならない。 エージェント識別子は，リポジトリが割り当てた識別子と外部で割り当てられた識別子の両方を記録するできるようにするため，繰り返し可能である。上の作成／維持注記参照。

意味単位	3.1.1 エージェント識別子タイプ agentIdentifierType
意味単位構成要素	なし
定義	エージェント識別子が一意である領域の表示記号。
データの制約	値は統制語彙から取得されるべきである。
例	LCNAF SAN MARC Organization Codes UR
繰り返し	不可
義務	必須

意味単位	3.1.2 エージェント識別子値 agentIdentifierValue
意味単位構成要素	なし
定義	〈エージェント識別子〉の値。
データの制約	なし
例	92-79971 Owens,Erik C. 234-5676 MH-CS info：lccn/n78890351
繰り返し	不可
義務	必須
使用法注記	一意のキーであってもよいし，統制された形の名前でもよい。

意味単位	3.2 エージェント名 agentName
意味単位構成要素	なし
定義	エージェントを識別するため，〈エージェント識別子〉に加えて使用できるようなテキスト文字列。
設定理由	この意味単位は，エージェント識別子によって識別されるエージェントを，もっと人間に親しみやすいものにする。
データの制約	なし
例	Erik Owens Woodyard Pc
繰り返し	可
義務	任意
使用法注記	値は必ずしも一意ではない。

意味単位	3.3 エージェント・タイプ agentType
意味単位構成要素	なし
定義	エージェントのタイプの高レベルの性格づけ。
データの制約	値は統制語彙から取得されるべきである。
繰り返し	不可
義務	任意
使用法注記	値の案： 人 person 組織 organization ソフトウェア software

権利エンティティ

　PREMIS データ辞書の目的に合わせ，権利および許諾に関する文言は「権利」エンティティとして記述可能な構造物とする方法がとられている。権利とは，著作権法あるいは他の知的財産法により，エージェントに認められている資格・能力である。許諾とは，権利保持者と他の団体との間の契約によって与えられた力あるいは特権である。

　リポジトリはさまざまな権利情報を記録したいと願うだろう。その中には外部のエージェントやリポジトリ内にないオブジェクトに適用される抽象的な権利の文書や許諾文書も含まれるかもしれない。しかしながら，リポジトリが知らなくてはならない最低限のコアな権利情報は，リポジトリ内のオブジェクトに関する活動を実行する上でリポジトリがどのような権利や許諾を持っているのかということである。これらは著作権法や法令，あるいは権利保持者とのライセンス契約によって認められているものだろう。

　もしリポジトリが権利情報を記録するのであれば，〈権利文書 rightsStatement〉または〈権利の拡張 rightsExtension〉のどちらかが存在しなくてはならない。

エンティティの属性

・一つ以上のオブジェクトに関係づけることができる。
・一つ以上のエージェントに関係づけることができる。
・エンティティ間のリンクはどちらの側からも可能で，双方向である必要はない。

エンティティの意味単位

4.1　権利文書 rightsStatement（O, R）

　　4.1.1　権利文書識別子 rightsStatementIdentifier（M, NR）

　　　　4.1.1.1　権利文書識別子タイプ rightsStatementIdentifierType（M, NR）

4.1.1.2　権利文書識別子値 rightsStatementIdentifierValue（M, NR）
4.1.2　権利の根拠 rightsBasis（M, NR）
4.1.3　著作権情報 copyrightInformation（O, NR）
　4.1.3.1　著作権の状態 copyrightStatus（M, NR）
　4.1.3.2　著作権の法域 copyrightJurisdiction（M, NR）
　4.1.3.3　著作権の状態の決定日 copyrightStatusDeterminationDate（O, NR）
　4.1.3.4　著作権注記 copyrightNote（O, R）
4.1.4　ライセンス情報 licenseInformation（O, NR）
　4.1.4.1　ライセンス識別子 licenseIdentifier（O, NR）
　　4.1.4.1.1　ライセンス識別子タイプ licenseIdentifierType（M, NR）
　　4.1.4.1.2　ライセンス識別子値 licenseIdentifierValue（M, NR）
　4.1.4.2　ライセンス条項 licenseTerms（O, NR）
　4.1.4.3　ライセンス注記 licenseNote（O, R）
4.1.5　法令情報 statuteInformation（O, R）
　4.1.5.1　法域 statuteJurisdiction（M, NR）
　4.1.5.2　法令識別情報 statuteCitation（M, NR）
　4.1.5.3　法令情報決定日 statuteInformationDeterminationDate（O, NR）
　4.1.5.4　法令注記 statuteNote（O, R）
4.1.6　許諾権利 rightsGranted（O, R）
　4.1.6.1　行為 act（M, NR）
　4.1.6.2　制限 restriction（O, R）
　4.1.6.3　許諾期間 termOfGrant（M, NR）
　　4.1.6.3.1　開始日 startDate（M, NR）
　　4.1.6.3.2　終了日 endDate（O, NR）
　4.1.6.4　許諾権利注記 rightsGrantedNote（O, R）
4.1.7　リンクするオブジェクトの識別子 linkingObjectIdentifier（O, R）
　4.1.7.1　リンクするオブジェクトの識別子タイプ linkingObjectIdentifierType（M, NR）

4.1.7.2　リンクするオブジェクトの識別子値 linkingObjectIdentifierValue（M, NR）
4.1.8　リンクするエージェントの識別子 linkingAgentIdentifier（O, R）
4.1.8.1　リンクするエージェントの識別子タイプ linkingAgentIdentifierType（M, NR）
4.1.8.2　リンクするエージェントの識別子値 linkingAgentIdentifierValue（M, NR）
4.1.8.3　リンクするエージェントの役割 linkingAgentRole（M, NR）
4.2　権利の拡張 rightsExtension（O, R）

（訳注：原著には表示がないが，M は必須，O は任意，R は繰り返し可，NR は繰り返し不可を意味すると考えられる。）

意味単位	4.1 権利文書 rightsStatement
意味単位構成要素	4.1.1 権利文書識別子 rightsStatementIdentifier 4.1.2 権利の根拠 rightsBasis 4.1.3 著作権情報 copyrightInformation 4.1.4 ライセンス情報 licenseInformation 4.1.5 法令情報 statuteInformation 4.1.6 許諾権利 rightsGranted 4.1.7 リンクするオブジェクトの識別子 linkingObjectIdentifier 4.1.8 リンクするエージェントの識別子 linkingAgentIdentifier
定義	リポジトリの一つ以上の行為を実行する権利についての記録。
データの制約	容器
繰り返し	可
義務	任意
使用法注記	この意味単位はオプションである。なぜなら権利がわからない場合もあるだろうから。各機関は，可能な場合，権利情報を記録することが奨励される。 もし「権利」エンティティが含まれるのであれば，〈権利文書〉か〈権利の拡張〉のどちらかが存在しなくてはならない。権利文書は，記述される行為が二つ以上の根拠に立つ場合，あるいは異なった行為が異なった根拠に立つ場合，繰り返されるべきである。

意味単位	4.1.1 権利文書識別子 rightsStatementIdentifier
意味単位構成要素	4.1.1.1 権利文書識別子タイプ rightsStatementIdentifierType 4.1.1.2 権利文書識別子値 rightsStatementIdentifierValue
定義	保存リポジトリ・システム内で権利文書を一意に同定識別するために使用される表示記号。
設定理由	保存リポジトリに結びつけられた各権利文書は，イベントやエージェントに関係づけられるよう一意の識別子を持たなくてはならない。
データの制約	容器
繰り返し	不可
義務	必須
作成／維持注記	〈権利文書識別子〉はシステムが生成することになりそうである。こうした識別子に対する世界的な体系あるいは標準は存在しない。したがってこの識別子は繰り返し不可である。
使用法注記	識別子はリポジトリ内で一意でなくてはならない。

意味単位	4.1.1.1 権利文書識別子タイプ rightsStatementIdentifierType
意味単位構成要素	なし
定義	権利文書識別子が一意である領域の表示記号。
データの制約	値は統制語彙から取得されるべきである。
繰り返し	不可
義務	必須

意味単位	4.1.1.2 権利文書識別子値 rightsStatementIdentifierValue
意味単位構成要素	なし
定義	〈権利文書識別子〉の値。
データの制約	なし
繰り返し	不可
義務	必須

意味単位	4.1.2 権利の根拠 rightsBasis
意味単位構成要素	なし
定義	〈権利文書識別子〉に記述された権利あるいは許諾の根拠を示す表示記号。
データの制約	値は統制語彙から取得されるべきである。
繰り返し	不可
義務	必須
使用法注記	値の案：著作権，ライセンス，法令。 〈権利の根拠〉が「著作権」のとき，〈著作権情報〉が提供されるべきである。 〈権利の根拠〉が「ライセンス」のとき，〈ライセンス情報〉が提供されるべきである。 〈権利の根拠〉が「法令」のとき，〈法令情報〉が提供されるべきである。 もし権利の根拠がパブリック・ドメインだということであれば，「著作権」を使うこと。もし根拠がフェア・ユースであれば，「法令」を使うこと。 二つ以上の根拠が適用されるのであれば，権利エンティティ全体が繰り返されるべきである。

意味単位	4.1.3 著作権情報 copyrightInformation
意味単位構成要素	4.1.3.1 著作権の状態 copyrightStatus 4.1.3.2 著作権の法域 copyrightJurisdiction 4.1.3.3 著作権の状態の決定日 copyrightStatusDeterminationDate 4.1.3.4 著作権注記 copyrightNote
定義	オブジェクトの著作権の状態についての情報。
データの制約	容器
繰り返し	不可
義務	任意
使用法注記	〈権利の根拠〉が「著作権」のとき，〈著作権情報〉が提供されるべきである。 リポジトリはこれをより詳細な情報で拡張する必要があるかもしれない。より詳細な体系の例としては，カリフォルニア・デジタル図書館の copyrightMD スキーマ（ww.cdlib.org/inside/projects/rights/schema/）を参照のこと。

意味単位	4.1.3.1 著作権の状態 copyrightStatus
意味単位構成要素	なし
定義	権利文書が記録されたときのオブジェクトの著作権の状態に対するコード化された表示記号。
データの制約	値は統制語彙から取得されるべきである。
繰り返し	不可
義務	必須
使用法注記	値の案： **著作権あり copyrighted** ＝著作権の下にある **パブリックドメイン publicdomain** ＝パブリック・ドメインである **不明 unknown** ＝当該情報資源の著作権の状態は不明である

意味単位	4.1.3.2 著作権の法域 copyrightJurisdiction
意味単位構成要素	なし
定義	どの国の著作権法が適用されるか。
設定理由	著作権法は国によって異なる場合がある。
データの制約	値は ISO 3166 から取得されるべきである。
例	us de
繰り返し	不可
義務	必須

意味単位	4.1.3.3 著作権の状態の決定日 copyrightStatusDeterminationDate
意味単位構成要素	なし
定義	〈著作権の状態〉に記録された著作権の状態が決定された日。
データの制約	機械処理を助けるため，値は構造化された形を使うべきである。PREMIS 準拠メタデータの交換を容易にするため，たとえば PREMIS スキーマ中のデータ要素で使われているような，標準的な慣行の採用が推奨される。
例	20070608
繰り返し	不可
義務	任意

意味単位	4.1.3.4 著作権注記 copyrightNote
意味単位構成要素	なし
定義	オブジェクトの著作権の状態についての追加情報。
データの制約	なし
例	著作権は更新されない限り 2010 年に消滅の予定。 著作権の宣言はファイル・ヘッダーに埋め込まれている。
繰り返し	可
義務	任意

意味単位	4.1.4 ライセンス情報 licenseInformation
意味単位構成要素	4.1.4.1 ライセンス識別子 licenseIdentifier 4.1.4.2 ライセンス条項 licenseTerms 4.1.4.3 ライセンス注記 licenseNote
定義	オブジェクトに関するライセンスあるいは他の許諾契約についての情報。
データの制約	容器
繰り返し	不可
義務	任意
使用法注記	〈権利の根拠〉が「ライセンス」のとき，〈ライセンス情報〉が提供されるべきである。

意味単位	4.1.4.1 ライセンス識別子 licenseIdentifier
意味単位構成要素	4.1.4.1.1 ライセンス識別子タイプ licenseIdentifierType 4.1.4.1.2 ライセンス識別子値 licenseIdentifierValue
定義	リポジトリ・システム内で一意に許諾契約を同定識別するために使われる表示記号。
データの制約	容器
繰り返し	不可
義務	任意
使用法注記	この意味単位は許諾の供与を記録する文書を参照することを意図している。いくつかのリポジトリでは，これは顧客との正式な署名入り契約書かもしれない。もし許諾契約が口頭のものであれば，これは口頭の契約を記録したリポジトリによるメモを指し示すこともあり得る。 この識別子はオプションである。なぜなら契約は識別子とともにリポジトリに保存されるとは限らないからである。たとえば，口頭での契約の場合，契約全体が〈ライセンス条項〉中に含まれたり記述されたりしてもよい。

意味単位	4.1.4.1.1 ライセンス識別子タイプ licenseIdentifierType
意味単位構成要素	なし
定義	ライセンス識別子が一意である領域の表示記号。
データの制約	値は統制語彙から取得されるべきである。
繰り返し	不可
義務	必須

意味単位	4.1.4.1.2 ライセンス識別子値 licenseIdentifierValue
意味単位構成要素	なし
定義	ライセンス識別子の値。
データの制約	なし
繰り返し	不可
義務	必須

意味単位	4.1.4.2 ライセンス条項 licenseTerms
意味単位構成要素	なし
定義	許諾が行われたライセンスあるいは契約を記述する文章。
データの制約	なし
繰り返し	不可
義務	任意
使用法注記	これはライセンスあるいは契約あるいは釈義あるいは要約の実際の本文を含むことができる。

意味単位	4.1.4.3 ライセンス注記 licenseNote
意味単位構成要素	なし
定義	ライセンスについての追加情報。
データの制約	なし
例	ライセンスはファイル・ヘッダーの XMP ブロックに埋め込まれている。
繰り返し	可
義務	任意
使用法注記	ライセンスの条項についての情報は，〈ライセンス条項〉に行くべきである。〈ライセンス注記〉は，連絡担当者，活動日，解釈といったライセンスに関する他のタイプの情報のために用意されている。この注記はライセンスの場所を示すために用いられてもよい。たとえば，オンラインで入手可能か，あるいはオブジェクト自体に埋め込まれているかどうかといった具合である。

意味単位	4.1.5 法令情報 statuteInformation
意味単位構成要素	4.1.5.1 法域 statuteJurisdiction 4.1.5.2 法令識別情報 statuteCitation 4.1.5.3 法令情報決定日 statuteInformationDeterminationDate 4.1.5.4 法令注記 statuteNote
定義	オブジェクトの使用を可能にする法令についての情報。
データの制約	容器
繰り返し	可
義務	任意
使用法注記	〈権利の根拠〉が「法令」のとき，〈法令情報〉が提供されるべきである。

意味単位	4.1.5.1 法域 statuteJurisdiction
意味単位構成要素	なし
定義	法令を制定している国または政治組織。
設定理由	オブジェクトと付与された権利との間の結合は法域に基づいている。
データの制約	値は統制語彙から取得されるべきである。
例	us de
繰り返し	不可
義務	必須

意味単位	4.1.5.2 法令識別情報 statuteCitation
意味単位構成要素	なし
定義	法令を同定識別する表示記号。
データの制約	なし
例	Legal Deposit（Jersey）Law 200- National Library of New Zealand（Te Puna Mātauranga o Aotearoa）Act 2003 no 19 part 4 s 34
繰り返し	不可
義務	必須
使用法注記	適用可能なときは標準的な引用形式を使うこと。

意味単位	4.1.5.3 法令情報決定日 statuteInformationDeterminationDate
意味単位構成要素	なし
定義	記された許諾の正当性を法令が認定していると決定された日付。
設定理由	問題の許諾は何らかの解釈の対象となるかもしれない。こうした評価は特定の状況下で特定のときになされる。別のときには状況，したがって評価も違うことがあり得る。こうした理由により，決定の日付を記録することが重要となることがある。
データの制約	機械処理を助けるため，値は構造化された形を使うべきである。PREMIS 準拠メタデータの交換を容易にするため，たとえば PREMIS スキーマ中のデータ要素で使われているような，標準的な慣行の採用が推奨される。
例	2007-12-01 20040223151047.0
繰り返し	不可
義務	任意

意味単位	4.1.5.4 法令注記 statuteNote
意味単位構成要素	なし
定義	当該法令についての追加情報。
データの制約	なし
例	ウェブで公表された内容への適用可能性は法務担当責任者により 2008 年 9 月 19 日再検討へと送付された。
繰り返し	可
義務	任意

意味単位	4.1.6 許諾権利 rightsGranted
意味単位構成要素	4.1.6.1 行為 act 4.1.6.2 制限 restriction 4.1.6.3 許諾期間 termOfGrant 4.1.6.4 許諾権利注記 rightsGrantedNote
定義	許諾供与エージェンシーがリポジトリに許可した行動。
データの制約	容器
繰り返し	可
義務	任意

意味単位	4.1.6.1 行為 act
意味単位構成要素	なし
定義	保存リポジトリがとることを許されている行動。
データの制約	値は統制語彙から取得されるべきである。
繰り返し	不可
義務	必須
使用法注記	値の案： **複製 replicate** ＝完全なコピーを作る **移行 migrate** ＝異なったファイル・フォーマットで内容が同一のコピーを作る **修正 modify** ＝内容が異なった版を作る **利用 use** ＝コピーや修正をせずに読む（たとえば，ファイルを検証したり，プログラムを走らせたりする） **配布 disseminate** ＝保存リポジトリ外での利用のためのコピーまたは版を作成する **削除 delete** ＝リポジトリから取り除く この統制語彙がどれほど詳細であるべきかを決めるのは保存リポジトリにゆだねられる。リポジトリが〈イベント・タイプ〉で使うのと同じ値を採用するのが有用だろう。

意味単位	4.1.6.2 制限 restriction
意味単位構成要素	なし
定義	行為の条件あるいは制限。
データの制約	なし
例	3部以下 1年の保管期間が経過した後においてのみ許可 行為完了後，権利保持者に届出が必要
繰り返し	可
義務	任意

意味単位	4.1.6.3 許諾期間 termOfGrant
意味単位構成要素	4.1.6.3.1 開始日 startDate 4.1.6.3.2 終了日 endDate
定義	許諾が与えられた期間。
設定理由	保存のための許諾は期間限定の可能性がある。
データの制約	容器
繰り返し	不可
義務	必須

意味単位	4.1.6.3.1 開始日 startDate
意味単位構成要素	なし
定義	与えられた許諾の開始日。
データの制約	機械処理を助けるため，値は構造化された形を使うべきである。PREMIS準拠メタデータの交換を容易にするため，たとえばPREMISスキーマ中のデータ要素で使われているような，標準的な慣行の採用が推奨される。
例	2006-01-02 20050723
繰り返し	不可
義務	必須

意味単位	4.1.6.3.2 終了日 endDate
意味単位構成要素	なし
定義	与えられた許諾の終了日。
データの制約	機械処理を助けるため，値は構造化された形を使うべきである。PREMIS 準拠メタデータの交換を容易にするため，たとえば PREMIS スキーマ中のデータ要素で使われているような，標準的な慣行の採用が推奨される。
例	2010-01-02 20120723
繰り返し	不可
義務	任意
使用法注記	許諾期間の終了日が指定されていない場合は「OPEN」を用いること。もし終了日が不明，あるいは許諾文書が異なった終了日を持つ多くのオブジェクトに適用されるとしたら，〈終了日〉は省略すること。

意味単位	4.1.6.4 許諾権利注記 rightsGrantedNote
意味単位構成要素	なし
定義	許諾された権利に関する追加情報。
設定理由	文章による許諾された権利の記述が，補足説明のために，必要とされるかもしれない。
データの制約	なし
繰り返し	可
義務	任意
使用法注記	この意味単位は，危険性評価についての文章を含んでもよい。たとえば，リポジトリにどのような許諾が与えられたか確かではないときなど。

意味単位	4.1.7 リンクするオブジェクトの識別子 linkingObjectIdentifier
意味単位構成要素	4.1.7.1 リンクするオブジェクトの識別子タイプ linkingObjectIdentifierType 4.1.7.2 リンクするオブジェクトの識別子値 linkingObjectIdentifierValue
定義	権利文書に結びつけられたオブジェクトの識別子。
設定理由	権利文書は関連するオブジェクトに結びつけられなくてはならない。これは権利文書からオブジェクトへのリンクによるか,あるいはオブジェクトから権利文書へのリンクによるかである。この意味単位は権利文書からオブジェクトへのリンクの仕組みを提供する。
データの制約	容器
繰り返し	可
義務	任意
使用法注記	〈リンクするオブジェクトの識別子〉はオプションである。なぜならオブジェクトから権利文書へリンクした方が実用的な場合もあるだろうからである。たとえば,リポジトリは何千ものパブリック・ドメインのオブジェクトを扱うただ一つの権利文書を持つかもしれない。

意味単位	4.1.7.1 リンクするオブジェクトの識別子タイプ linkingObjectIdentifierType
意味単位構成要素	なし
定義	リンクするオブジェクトの識別子が一意である領域の表示記号。
データの制約	値は統制語彙から取得されるべきである。
例	[〈オブジェクト識別子タイプ〉の例参照]
繰り返し	不可
義務	必須

意味単位	4.1.7.2 リンクするオブジェクトの識別子値 linkingObjectIdentifierValue
意味単位構成要素	なし
定義	リンクするオブジェクトの識別子の値。
データの制約	なし
例	[〈オブジェクト識別子値〉の例参照]
繰り返し	不可
義務	必須

意味単位	4.1.8 リンクするエージェントの識別子 linkingAgentIdentifier
意味単位構成要素	4.1.8.1 リンクするエージェントの識別子タイプ 　　linkingAgentIdentifierType 4.1.8.2 リンクするエージェントの識別子値 　　linkingAgentIdentifierValue 4.1.8.3 リンクするエージェントの役割 linkingAgentRole
定義	権利文書に結びつけられた一つ以上のエージェントの識別。
設定理由	権利文書は関連するエージェントに結びつけられるかもしれない。これは権利文書からエージェントへのリンクによるか,あるいはエージェントから権利文書へのリンクによるかである。この意味単位は権利文書からエージェントへのリンクの仕組みを提供する。
データの制約	容器
繰り返し	可
義務	任意
使用法注記	〈リンクするエージェントの識別子〉はオプションである。なぜなら関連するエージェントは不明かもしれないし,あるいはエージェントはまったく関与しないかもしれない。権利の根拠が法令の場合,後者の可能性が高い。

意味単位	4.1.8.1 リンクするエージェントの識別子タイプ linkingAgentIdentifierType
意味単位構成要素	なし
定義	リンクするエージェントの識別子が一意である領域の表示記号。
データの制約	値は統制語彙から取得されるべきである。
例	[〈エージェント識別子タイプ〉の例参照]
繰り返し	不可
義務	必須

意味単位	4.1.8.2 リンクするエージェントの識別子値 linkingAgentIdentifierValue
意味単位構成要素	なし
定義	〈リンクするエージェントの識別子〉の値。
データの制約	なし
例	[〈エージェント識別子値〉の例参照]
繰り返し	不可
義務	必須

意味単位	4.1.8.3 リンクするエージェントの役割 linkingAgentRole
意味単位構成要素	なし
定義	権利文書に関係するエージェントの役割。
データの制約	値は統制語彙から取得されるべきである。
例	連絡担当者 contact 作成者 creator 出版者 publisher 権利保持者 rightsholder 許諾者 grantor
繰り返し	不可
義務	必須

意味単位	4.2 権利の拡張 rightsExtension
意味単位構成要素	外部で定義
定義	PREMIS の外部で定義された意味単位を含む容器。
設定理由	PREMIS が定義した単位を置き換えたり拡張したりする必要があるかもしれない。
データの制約	容器
繰り返し	可
義務	任意
使用法注記	さらなる詳細化あるいは外部定義の意味単位を利用するため，拡張性が提供されている。ローカルな意味単位または別に規定されたメタデータ体系を使用したメタデータが，PREMIS 定義の意味単位に代わって，あるいは追加して，付与可能である。拡張スキーマを使うときは，そのスキーマへの参照が提供されなくてはならない。「拡張性」（48 ページ）のより詳しい解説を参照のこと。 もし「権利」エンティティが含まれるなら，〈権利文書〉か〈権利の拡張〉のどちらかが存在しなくてはならない。 もし〈権利の拡張〉容器が権利下の PREMIS の下位単位のどれかに明示的に結びつけられる必要があるとしたら，〈権利〉容器は繰り返される。もし異なった外部スキーマからの拡張が必要だとしたら，この場合もまた〈権利〉が繰り返されるべきである。

個別の論点

　PREMIS作業グループは，データ辞書編纂に際して，重要だがデータ辞書自体に収録するには細かすぎる論点がいくつかあると感じた。以下の議論はいくつかの意味単位について背景となる情報を提供し，作業グループの考え方を説明するものである。

フォーマット情報

　作業グループはフォーマットについて細かく議論するうち，特定の意味単位を定義する前に，いくつかの基本的な問題について合意に達する必要があることに気づいた。そうした問題には以下のようなものが含まれる。
・フォーマットとは何か？
・どんなタイプのオブジェクトがフォーマットを持つか？
・どのようにしてフォーマットを識別するか？
・フォーマットとプロファイルの間に違いはあるのか？

　フォーマットの概念はほとんど直観的にわかると感じられるが，デジタル保存に対するフォーマット情報の重要性を考え，わがグループではその意味を明確に規定したいと思った。議論の中で，フォーマットは公式にせよ非公式にせよ何らかの仕様に対応しなければならないという事実から，フォーマットの限定的特徴が明らかになった。フォーマットはランダムな，あるいは記録のないビットの配置ではあり得ない。ウィキペディアにおける定義，「コンピュータ・ファイルへの格納のため情報をコード化する特定の方法」，はこの特徴を十分強調していないように思われる[24]。わがグループでは自分たち自身の定義を「デジタル・ファイルまたはビットストリームを組織化するための特定の，あらかじめ確立された構造」とした。

　フォーマットは明らかにファイルの属性だが，ビットストリームに適用す

ることも可能である。たとえば，TIFF ファイル内の画像のビットストリームは TIFF ファイルのフォーマット仕様内で定義されているフォーマットを持つだろう。こうした理由で，PREMIS は「ファイル・フォーマット」という用語を避け，より汎用的な「フォーマット」を用いる。

保存リポジトリはフォーマット情報をできるだけ的確に記録しなくてはならない。理想的には，完全なフォーマット仕様への直接のリンクによってフォーマットが識別されるとよいだろう。現実には，完全なフォーマット仕様に順次結びつけることができるコードまたは文字列のような間接的なリンクがより実用的である。わがグループは，いささか恣意的な表示記号だが，フォーマット名がこの間接的なリンクとして利用できると考えた。しかしながら，このリンクとして利用される意味単位を定義しようとしたとき，二つの厄介な問題が起こった。

第一に，MIME タイプやファイル・タイプの拡張子といった一般的に使われるフォーマット表示記号は，版情報の追加なしで使うには粒度が不十分である。フォーマット名のために定義される意味単位はフォーマットと版の両方（例：「TIFF 6.0」）を含むべきか，それとも名前用と版用の二つの意味単位を定義すべきか，いささか議論となった。MIME タイプのような既存の典拠リストが利用できるようにするため，わがグループでは二つの意味単位とすることに決めた。データ辞書では〈フォーマット表示記号〉が二つの構成要素を持つ。〈フォーマット名〉と〈フォーマットの版〉である。

次に，集中的に維持管理されるフォーマット登録簿が，将来，詳細なフォーマット情報を得る最善の方法として期待される[25]。PREMIS モデルではフォーマット名はフォーマット仕様への間接的なリンクを提供する。登録簿の環境では一つではなく二つの事柄を知らなくてはならない。どんな登録簿が使われているかということと登録簿内で仕様を識別するものは何かということである。わがグループは，すべてのフォーマット識別作業を単一の意味単位のセットに結合するのか，それとも登録簿環境と非登録簿環境のために別々の容器を定義するのかを議論した。単一セットにとって有利な論拠は，

デジタル・オブジェクトと仕様を結びつけるのに独自のフォーマット名典拠リストを使うリポジトリは，本質的に，独自のフォーマット登録簿を維持していることになり，そこでは登録簿自体の識別は暗黙の了解となっているということである。しかしながら，大規模なフォーマット登録簿はいまだに開発中の段階なので，それを利用するのに必要とされるであろうものを推測するというのは気が進まなかった。結局，二つの容器が定義された。〈フォーマット表示記号〉と〈フォーマット登録簿〉である。

一つの〈フォーマット〉容器内では，必要な識別情報を提供するため少なくともこれら二つの意味単位のうちの一つが存在することが必須である。それらは一緒に使用されるとき，より明示的にリンクされる。

わがグループは，(a) 二つ以上の登録簿が利用される (b) フォーマットの同定識別がただちに可能ではない，といった場合のために〈フォーマット〉を繰り返し可とすることに決めた。

(a) もし複数の登録簿が使用されるのであれば，〈フォーマット〉要素が繰り返し可であることは，それぞれの登録簿によって識別されたフォーマット間の不一致を明確に記録することを可能にする。曖昧さを減らすため，〈フォーマット登録簿の役割〉が登録簿が使われている特定の目的——たとえばフォーマットの識別，フォーマットの検証，特徴描写，プロファイルの識別など——を示すために用いられるべきである。ただ一つの登録簿がフォーマット識別のための典拠として〈フォーマット登録簿の役割〉によって指定されるべきである。〈フォーマット注記〉は補足的，限定的な情報を記録する，たとえばいくつもの識別が同時に真の場合［例：BWFとWAV（訳注：BWFはWAVの拡張フォーマット）］などに使用されるべきである。

(b) 実際には，ファイル識別のためのツールを走らせることでファイルあるいはビットストリームごとにいくつかの候補が生まれ，フォーマットの解明はただちに可能とはいかないかもしれない。〈フォーマット〉要素が繰り返し可能であればそれらを捕捉しておくことが可能になる。〈フ

ォーマット注記〉は，いくつかの識別作業が候補フォーマットの分裂を引き起こす［例：TIFF3.0 または TIFF4.0］ときに，補足的，限定的な情報を記録するべきである。

　フォーマットの特定の実装が，しばしばプロファイルと呼ばれて，仕様化されることも珍しくない。たとえば GeoTIFF（地理画像用），TIFF/EP（デジタル・カメラ用），TIFF/IT（印刷準備段階の画像用）は TIFF 仕様と互換性があるが，その仕様をオプションを要求して狭めたり，あるいはタグを追加して拡張したりしている。こうした理由で，一つのファイルが二つ以上のフォーマット，たとえば TIFF と GeoTIFF の両方，を持つことが可能なのである。わがグループはこれに対応するため，フォーマット表示記号を繰り返し可にするとか，フォーマット・プロファイルを別の意味単位として定義するとか，さまざまなオプションを議論した。しかし結論としては，該当する中で最も限定的なフォーマット表示記号の記録を推奨することとなった。リポジトリ（あるいはフォーマット登録簿）は複合的なフォーマット名（例：「TIFF_GeoTIFF」あるいは「WAVE_MPEG_BWF」）を使ってこの限定性を満たしてもよい。

　わがグループは，最も限定的な表示記号というのは意見の問題で，実装に固有のものとなるだろうということに気づいた。たとえば，ある METS[10] 文書（すなわち，METS スキーマに準拠した XML の一実現値）に対して，あるリポジトリは XML が最も限定的なフォーマットだと考えるだろうし，一方，別のリポジトリは METS が最も限定的なフォーマットと考えるかもしれない。

環境

　デジタル資料は，利用者と情報内容の間に複雑な技術環境が置かれるがゆえに，アナログ資料と明確に異なる。アプリケーション・ソフトウェア，オペレーティング・システム，コンピューティング資源，そしてネットワーク接続性などが利用者に情報内容の提示やそれとの対話を可能とする。デジタルの情報内容を環境の文脈から引き離すと情報内容が使用不能になる可能性

もある。したがって、保管されたデジタル・オブジェクトに関する技術環境の注意深い記録は、保存メタデータの本質的な構成要素となり得る。

デジタル環境を作り上げている構成要素はさらに小さな構成要素に分解できるので、それらの記述が極端に複雑になることも容易に起こり得る。こうした記述がデジタル・オブジェクトの全クラス、たとえば、特定のフォーマットの全ファイルについて同じになることも同様にあり得る。この二つの要素がともに示唆するのは、環境メタデータを集め、維持管理するための最も効率的なモデルは集中型の登録簿だということである。PREMIS〈環境〉容器の策定はそのような登録簿の存在を前提としていなかったのだが、この容器はリポジトリがローカルに記録するというよりも、環境登録簿が維持管理するであろう情報のタイプのテンプレートと解釈してもらうのが一番よいかもしれない。

〈環境〉容器に関連する意味単位は、PREMIS作業グループが推奨する、保管されたオブジェクトの環境についてリポジトリが知る必要がある事項を表す。この情報をどのようにして知るか——集中型登録簿を通して、ローカルに記録されたメタデータを通して、あるいはその両方——は実現の仕方の問題で、リポジトリによって解決されなければならない。

作業グループは、現在のリポジトリ中のオブジェクトに関する環境メタデータに対象を限定することに決めた。時間の経過に伴う環境の変化を記録するための方策は実現の仕方の問題であり、したがってデータ辞書の対象外である。

時々、複数の環境が同一のデジタル・フォーマットをサポートする。データ辞書はこの可能性を認めて〈環境〉容器を繰り返し可能にしているのだが、これはリポジトリが特定の保管オブジェクトに適合するソフトウェアとハードウェアのすべての可能な組み合わせを説明すべきだと提案する意図では決してない。しかしながら、環境の記録は、「最低限」、「推奨」、「動作確認済」等の適当な値が入った意味単位〈環境特性〉を含むべきである。作業グループがおおむね合意したのは、少なくとも「最低限」の環境は明示されるべき

だということである。「動作確認済」である環境の明示はオブジェクトの重要属性——オブジェクトの元々の外観，感覚，機能の諸相——を保存するのが重要な場合に必要となるだろう。こうした状況においては，これらの属性を忠実に提示することがわかっている環境を記録することが役に立つ。

　作業グループは環境メタデータが，表現，ファイル，ビットストリームにうまく適用できるかどうかを考慮した。ほとんどの場合，これはビットストリームには適用されない。なぜならソフトウェアは既知のファイル・フォーマット，あるいは複合的なオブジェクトの場合は既知のファイル・フォーマットの集合，で動作するためである。そうではあるが，状況によってはビットストリームに適用できる場合もある。たとえば，単独の AVI ファイルが，おのおの特別な提示ソフトウェアを必要とする複数のビデオ・ストリームの共通の容器として使われるといったことも可能である。異質な複数のビットストリームをカプセル化して収めている一つの AVI ファイルでは，それぞれのビットストリームが実質的に独自の保存業務の流れを必要とするかもしれない。ビットストリームのレベルで環境を設定することは，特定のビットストリームが特定の環境を必要とするという関連づけを維持管理することになる。もし環境がファイル・レベルで設定されていたとすると，この関連づけは失われ，保存業務はややこしいものになってファイルの分解が必要となることだろう。

　しかしながら，ファイル・フォーマットはまったく異なった意味づけの二つ以上の分離したビットストリームを含むのだが，そのフォーマットをサポートするように設計されたソフトウェアは，ファイル内に現れるどのビットストリームも正しく解釈したり提示したりすることができるような場合もあるかもしれない。たとえば，画像を提示する TIFF ビューワーは，ヘッダー情報（ファイル内のビットストリーム）をスキップして画像データ（ファイル内の二番目のビットストリーム）にたどり着くことを知っている。これらのビットストリームそれぞれについて，もし両方とも TIFF フォーマット仕様互換の提示アプリケーションによって操作されるのであれば，別々の環境

情報を常に詳述する必要があるわけではない。

　環境メタデータは特定のオブジェクトに対する表現とファイルのレベルでは異なるかもしれないことに注意していただきたい。たとえば，テキスト，静止画像，アニメーション，音といった構成要素から成るマルチメディア・ウェブ・ページを提示するにはブラウザが適当だが，各構成要素が別々に提示される場合，複合オブジェクト全体のための環境とは異なった環境が必要とされるだろう。

　作業グループは，オブジェクトの保存版と配布版双方に対して別々の環境情報を付与することは推奨しないことに決めた（ここで配布版とは配布用情報パッケージ（DIP）中の利用者に入手できるようにされた版である）。もし配布版がリポジトリによって保存マスターとは別に格納されているとしたら，それは格納オブジェクトであり，オブジェクト・エンティティに適用されるすべてのメタデータによって記述が可能である。もし配布版が格納された保存マスターから「その場で」生成されているとしたら，それを支える環境は厳密には保存の問題ではない。配布版のための環境情報は有用な場合もあるが，保存プロセスを支援するために必要かという意味ではコアではない（187ページの配布フォーマットの議論も参照のこと）。

　さらに別の論点は，保管されたオブジェクトがリポジトリから利用者へ届けられる仕組み（例：ネットワーク上で，CDで，DVDで，等）を環境メタデータの一部とすべきかどうかだった。これを支持する意見は，提示環境は伝達の仕組みに含まれる要件を満たさなくてはならない——もし情報内容がCD-ROMで伝達されるとしたら，提示環境はCD-ROMドライブを含まなくてはならない——というものである。しかしながら，わがグループは伝達の仕組みの知識は保存プロセスを支える上で本質的ではなく，したがってコアではないと決定した。さらに付け加えると，伝達の仕組みを記述することの有用性は，配布方針に応じて，リポジトリごとにさまざまに異なるものとなりそうである。

　デジタル資料が長期にわたって確実にアクセス可能で利用可能であり続け

るようにするためには，環境メタデータが決定的に重要であるにもかかわらず，作業グループは，気が進まないながら，「環境」容器全体をオプションとすることに決定した。わがグループは，既存の，あるいは今後策定されるであろうどんな保存戦略においても環境情報の知識が要求されるだろうと無条件に断定することはできなかったのである。しかしながら，環境容器が現在オプションだという事実は，作業グループがこのメタデータを重要ではないと考えていることを示すわけではない。アクセスおよび利用のための環境をきちんと記録することは，ほとんどすべてのデジタル保存戦略の本質的な構成要素である。しかしながら，このメタデータを収集し，蓄積し，更新するための実用的な仕組みを確立するためには，なすべき仕事が多く残っている。

オブジェクト特性と構成レベル：「玉ねぎ」モデル

　オブジェクトが圧縮あるいは暗号化されるとき，オブジェクトのフォーマットは圧縮あるいは暗号化の体系によって決定される。と同時に，オブジェクトはその下に異なるフォーマットを持っている。このようなオブジェクトは複合的なコード化や暗号化の層を正しく元に戻すための記述法に関する問題を提起する。わがグループは玉ねぎという隠喩にたどり着いた。あるデジタル・オブジェクトはコード化の層に包まれることが可能で，それは特定の順序で「むかれる」必要がある。玉ねぎモデルは各層を「構成レベル」として扱い，メタデータを各層に属する値の集合へと組織化することによって具体化される。

　最も単純な例はコード化も暗号化もない単一のファイルである。この場合，〈構成レベル〉に0（ゼロ）という値を持つ意味単位〈オブジェクト特性〉の一つの実現値が存在するだろう。たとえば，単純なPDFのオブジェクト特性は，メッセージ・ダイジェスト，500,000バイトという大きさ，PDF1.2というフォーマット，印刷不可といった制限事項，Adobe Acrobatという作成アプリケーションなどを含むことだろう。もしそのPDFファイルの圧縮

版が UNIX の gzip ユーティリティを使って作成され，リポジトリに格納されたとしたら，その圧縮ファイルは二つの〈オブジェクト特性〉ブロックで記述されることだろう。最初のブロックは，〈構成レベル〉ゼロで，単純な PDF と同じものになり，二番目は〈構成レベル〉1 で，もう一つのメッセージ・ダイジェスト，より小さな大きさ，gzip というフォーマットを記録することになるだろう。これがオブジェクトを完全に記述するために必要な数の層だけ続けられることになるだろう。

内容オブジェクトを引き出すためには，構成レベルを最も高次なレベルから最も低次なレベルへ，その層のフォーマットにふさわしいアプリケーションを使いながら，逆向きにたどる。上の例では，PDF を得るために gzip フォーマットを解凍するツールを適用する。内容を gzip から戻したら，正しいオブジェクトが引き出されたことを確認するため，あらかじめ格納されている大きさや不変性の情報と比較することができる（実際には，いくつかのコード化方式はチェックの仕組みを内蔵している）。

注意していただきたいのは，このモデルは，オブジェクトがそれを構成する各層を保存したまま格納されているのを前提としていることである。もしアーカイブがすでに各層を取り除き，基底のオブジェクトを格納しているとしたら，層を取り除いたことに関する情報は，構成データではなく「イベント」データである。すなわち，もしオブジェクト A の解凍版が作成されオブジェクト B と呼ばれるとしたら，A は B に，関連する解凍イベントとともに，派生関係（「の源」）によって関係づけられている。

ビットストリームとファイルストリームは構成層ではない。もしアーカイブがビットストリームあるいはファイルストリーム・オブジェクトを管理することを選択するならば，それらは別々のオブジェクトで，その格納場所はファイル内部のオフセット位置であり，そのファイル自体が特性とメタデータとそれ自身の格納場所を持った別のオブジェクトである。これらのおのおのが暗号化やコード化を含む構成層を持つかもしれない。ファイルのレベル・ゼロの構成層は暗号化もコード化もないファイルとなるだろう。そのファイ

ル内部のビットストリームが管理されたオブジェクトであるということは，ファイルのコード化の層とは明確に違う別の問題（およびオブジェクト）である。

いくつかのファイルを一つのファイルにまとめる（「パッケージ化する」）ことができる tar や ZIP といったフォーマットは，関連するが同一ではない問題を提示する。もしパッケージが単一のオブジェクトから成っていれば，そのパッケージをもう一つ別の構成層として扱うことができるだろう。たとえば，暗号化され，その後 zip 圧縮されたファイルは三つの構成レベルを持つことになろう。しかしながら，もしパッケージが二つ以上のファイルを含むとしたら，それは含まれたオブジェクトの格納場所を提供する別のオブジェクトとして扱われるべきである。そうすれば含まれたオブジェクトのおのおのに対して別々のメタデータを記録することができる。たとえば，二つの PDF ファイルを含む ZIP ファイルは三つのオブジェクトとして扱われるべきである。ZIP という基本構成フォーマットを持つ ZIP ファイル，および格納場所が ZIP ファイル内部である二つの他のオブジェクトである。ビットストリームに関してと同様，ZIP ファイル・オブジェクト内部のオブジェクトは，論理的にはそれを収容しているオブジェクトと別なのである。それらはおのおのまったく異なるメタデータの集合を持つことができるし，さらには追加の構成層をも持つことができるだろう。暗号化された ZIP ファイルで二つのファイルを含み，それら自身がおのおの別々に暗号化されているといったものを想像することもできるだろう。その場合，三つのオブジェクトがあって，そのおのおのが二つの構成レベルを持つことになる。

不変性，完全性，真実性

保存のためのコア要素を定義する過程で，作業グループはデジタル・オブジェクトの不変性，完全性，真実性といった概念に相当の注意を払った。これらの特性を欠くオブジェクトは，証拠的な価値を保護したり真に文化的記憶を保存することを使命とするリポジトリにとって，ほとんど価値がない。

PREMIS データ辞書において，不変性（オブジェクトがどこかの時点以来変化していないということ）を確かめるために必要な情報は意味単位〈オブジェクト特性〉の下の意味単位構成要素の集合によって記述される。あるオブジェクトに対する不正な変更を検知するため，不変性チェックのプログラムを走らせることは「イベント」として詳述される。アナログの世界では，出版や製作といった行為は最終的にオブジェクトを固定する役割を果たす。デジタルの領域では，メッセージ・ダイジェストを作り上げるハッシュ・アルゴリズムがオブジェクトに対する不変性チェックを実現するために使われる。もしある時点であるアルゴリズムによって作成されたメッセージ・ダイジェストが，後の時点で同じアルゴリズムによって作成されたメッセージ・ダイジェストと同一であれば，これはそのオブジェクトがその間に変化しなかったことを示す。実際，あるオブジェクトが不変であることを確認するためには，少なくとも二つの異なったアルゴリズムを使って二つのメッセージ・ダイジェストを作成し，テストすることが推奨される実践方法である。

この手続きは時が経過してもオブジェクトが変化しなかったことを信頼性をもって示し得る一方，オブジェクトの完全性と真実性は扱っていない。PREMIS モデルでは，オブジェクトの完全性を立証することは「イベント」だとみなされている。フォーマットの識別や妥当性検証はファイルの完全性の鍵となる指標である。JHOVE のようなソフトウェア技術は，あるフォーマットがそのファイル拡張子が主張しているとおりのものであることを確かめることができるし，あるフォーマット仕様への準拠のレベルを決定することもできる[26]。表現の完全性は，表現の構造を理解している特別なプログラムによって立証されなければならないかもしれない。もし表現が構造メタデータを含んでいれば，その構造メタデータはすべてのファイルが存在し適切に名前がつけられているかどうかをテストするために使うことができる。

デジタル・オブジェクトの真実性とは，それが主張しているとおりのものである度合いである。デジタル保存連合（DPC）が説明するように，「電子的記録の場合，［真実性とは］記録としての電子的記録が信頼できることを

個別の論点 *181*

言う……時を経た後のデジタル資料の真実性への信頼は，変更が容易にできるがゆえに，特に重要である」[27]。

真実性認定，あるいは真実性の証明は多様な面を持ち，技術および手続きの両側面を含んでいる。技術的なアプローチはデジタル来歴（オブジェクトの歴史）の詳細な記録の維持管理，オブジェクトの提出されたときの内容とビット単位で同一の版の保存，およびデジタル署名の使用を含む。PREMISメタデータは，イベントに関連する意味単位を定義し，オブジェクト・エンティティとイベント・エンティティの間をリンクすることを可能にすることによって，来歴の記録を支援する。蓄積されたメッセージ・ダイジェスト情報に対して不変性をテストすることができるし，テストすること自体はイベントとして記録される。次にデジタル署名について論じる。

デジタル署名

保存リポジトリはデジタル署名を主に三つの方法で利用する。
・リポジトリへの提出において，エージェント（著者あるいは提出者）が本当に自分が著者あるいは提出者であると宣言するためにオブジェクトに署名する。
・リポジトリからの配布において，そのリポジトリが真に配布元であることを宣言するためにオブジェクトに署名する。
・保管において，データの出所と完全性を確認することができるように，リポジトリが署名されたオブジェクトを保存することを望む。

今日では最初と二番目の使用法が一般的で，これはデジタル署名がビジネス文書や他のデータの伝達において使われる場合と同じである。通常，確認は署名行為のすぐ後に行われ，署名自体を長期にわたって保存する必要はない。一番目の場合，リポジトリは確認の行為を「イベント」として記録し，来歴を立証するために必要な関連情報をイベント詳細に保存することが考えられる。二番目の場合，リポジトリは同様に署名行為を「イベント」として記録するかもしれないが，署名の利用は受け手の責任で行う。三番目の場合

のみ，デジタル署名が長期にわたって格納されたデジタル・オブジェクトの真実性を確認するためのツールとしてリポジトリによって利用されるので，署名自体と署名の確認のために必要な情報が保存されなければならない。

　ペンとインクの署名あるいは印鑑の場合と同様，信頼できるデジタル署名には以下のようなことが要求される。
・署名を作り出す過程は作成者に固有であると考えられる。
・署名が署名された文書の内容に関係づけられている。
・署名が，それを作り出した人またはエンティティの署名であると，他人によって認められ得る。

　デジタル署名を作成するには，まず安全なハッシュ・アルゴリズム（SHA）が情報内容（ファイルまたはビットストリーム）に適用され，その情報内容から短いメッセージ・ダイジェストを作り出すのに使われる。このメッセージ・ダイジェスト，およびオプションとして関連情報，は次に非対称暗号法を利用して暗号化される。非対称暗号法は一対の鍵の使用に基づいている。すなわち暗号化のための秘密鍵と復号のための公開鍵である。秘密鍵は署名者によって秘密かつ安全に，理想的には安全なハードウェア中に，保持されていなければならない。これが作成者に固有な署名という目標を達成する。暗号化されたメッセージ・ダイジェストは直接情報内容に結びつけられているので，署名を情報内容に関係づけるという目標をもまた達成している。署名は，署名者の公開鍵で復号し，その復号したダイジェストを，同じアルゴリズムで同じ情報内容をから作り出された新しいダイジェストと比較することによって，本物かどうか確かめることができる。もし情報内容が変更されていたとしたら，両者は一致しないだろう。

　署名を署名者と結びつけるという目標は，信頼関係を確立することに基盤を置いている。たとえば，エージェントAはエージェントBによる署名を，もしAが信頼する第三者がその署名は本当にBのものだと断言しているとしたら，信頼すべきである。この原則が手書きの署名の公証人制度を支えている。同じアプローチがデジタル署名でも利用され，ここでは信頼された第

三者が，ある鍵が本当に署名者の公開鍵だということを保証する。これは信頼の連鎖へと拡張され，信頼された者が間に入る者を信頼し，今度はそこが署名者の公開鍵を保証するといった仕組みになっている。このプロセスは通常（必ずそうだというわけではないが），X.509 証明書，あるいは証明書の連鎖，を利用することで実現されている。

これは保存にとって重要である。なぜなら証明書に対する信頼確立の現在の標準的な仕組みは，長期にわたって入手可能というわけではなさそうなサービスの集合に依拠しているからである。保存のためには公開鍵を公式文書として広く共有し，安全に格納することの方がより適切なアプローチかもしれない。たとえば，大学が定期的にその公開鍵を年次報告書に発表し，ウェブ・サイトで入手可能にするといったようなことである。

デジタル署名メタデータ

保存リポジトリが後でデジタル署名の確認を行うためには，以下のものを保存する必要があるだろう。

・デジタル署名自体。
・デジタル署名を作成するために使われたハッシュ・アルゴリズムと暗号化アルゴリズムの名前。
・それらのアルゴリズムに関連したパラメータ。
・署名を認証するために必要な証明書の連鎖（もし署名者と署名者の公開鍵を結びつけるのに証明書モデルが用いられるとしたら）。

リポジトリはまたアルゴリズムの定義と関連する標準（例：鍵のコード化のための）も，これらの方法が必要に応じて再実装することができるように，保存しておくことが推奨される。

W3C の「XML 署名構文および処理（*XMLDsig*）」はデジタル署名のコード化のための事実上の標準で，明確な機能モデルを提供している[28]。PREMIS は，適用可能な部分は，この仕様から意味単位の名前と構造を採用した。しかしながら，*XMLDsig* は保存の場で広く適用可能とするにはあまりに一般

的過ぎると同時に特殊過ぎる。一般的過ぎるというのは複数のデータ・オブジェクト（PREMIS モデルではファイルやビットストリーム）にまとめて署名することを許しているからで，これに対して PREMIS モデルではデジタル署名は単独のオブジェクトの属性としている。特殊過ぎるというのは，普遍的に適用できない特定のコード化および検証の方法を規定しているからである。

このデータ辞書では次のような構造を定義している。

1.9　署名情報 signatureInformation（O, R）［ファイル，ビットストリーム］
 1.9.1　署名 signature（O, R）
  1.9.1.1　署名コード化方式 signatureEncoding（M, NR）［ファイル，ビットストリーム］
  1.9.1.2　署名者 signer（O, NR）［ファイル，ビットストリーム］
  1.9.1.3　署名方法 signatureMethod（M, NR）［ファイル，ビットストリーム］
  1.9.1.4　署名値 signatureValue（M, NR）［ファイル，ビットストリーム］
  1.9.1.5　署名検証ルール signatureValidationRules（M, NR）［ファイル，ビットストリーム］
  1.9.1.6　署名属性 signatureProperties（O, R）［ファイル，ビットストリーム］
  1.9.1.7　鍵情報 keyInformation（O, NR）［ファイル，ビットストリーム］
 1.9.2　署名情報の拡張 signatureInformationExtension（O, R）［ファイル，ビットストリーム］

採用されたハッシュおよび暗号化のアルゴリズムは〈署名方法〉に記録される。たとえば「DSA-SHA1」は暗号化アルゴリズムが DSA でハッシュ・アルゴリズムが SHA1 であることを示す。デジタル署名自体は署名値である。署名を検証するために必要とされる，署名の生成についての情報（例：署名

が生成された日時）は署名の属性に格納される。署名を検証するために使われる公開鍵は〈鍵情報〉の中で示される。それぞれ異なった構造を持つ鍵のタイプが数多くあるので，こうした構造はこのデータ辞書中では定義されていない。実装者は外部で定義された構造を使う必要があるだろう。こうした理由により，〈鍵情報〉は外部容器として定義されている。リポジトリは，適合するところでは，"KeyInfo"の定義を利用することが奨励されている。

上で議論された意味単位は *XMLDsig* に対応するものがある。

PREMIS	XMLDsig
署名方法	\<SignedInfo>\<SignatureMethod>
署名値	\<SignatureValue>
署名属性	\<Object>\<SignatureProperties>
鍵情報	\<KeyInfo>

XMLDsig に含まれていない三つの意味単位がデータ辞書に追加された。〈署名コード化方式〉，〈署名者〉，〈署名検証ルール〉である。意味単位〈署名コード化方式〉は，後続の意味単位の値のコード化方式を示す。これは *XMLDsig* には含まれていない。なぜなら *XMLDsig* は特定のコード化方式を強制しているからで，これはより広い文脈では前提とすることができない。署名者の名前は，もし署名者の証明書が〈鍵情報〉に含まれていれば，そこから抽出することができるのだが，この情報を〈署名者〉として分離することによりアクセスがいっそう容易になる。署名の確認において使われることになるプロセスの記録は〈署名検証ルール〉中に格納されるか，あるいは参照先が示される。〈署名コード化方式〉同様，これは *XMLDsig* 中にはない。なぜなら *XMLDsig* は特定の検証方法を要求しているからである。

リポジトリが *XMLDsig* を利用でき，そうしたい場合，拡張容器〈書名情報の拡張〉を通して，スキーマ全体を PREMIS の〈署名〉容器の代わりに使うことができる。この場合，必須の PREMIS 要素は *XMLDsig* 中で必須（署名方法，署名値）か *XMLDsig* 仕様の要件に含まれている（署名コード化方法，署名検証ルール）かどちらかである。リポジトリが *XMLDsig* を使う

ことができないか，あるいは使わないことを選択した場合でも，〈鍵情報〉中に記録された意味単位を定義するために，*XMLDsig* スキーマで定義された "KeyInfo" 要素を使うことができる。

非コア・メタデータ

わが作業グループはいくつかのメタデータ概念はデータ辞書に含めないことに決めた。これは，特に断りのない限り，これらの意味単位が他の状況でも必要ないとか重要ではないということを意味するわけではない。特定の実装においては，こうした情報を何らかの形で記録する正当な理由があるかもしれない。

集約 Aggregation：集約は複数のオブジェクトを一つのより大きなオブジェクトに埋め込むこと（独立したオブジェクトの集合ではなくて）を意味する。集約であるという属性は複数のファイルやビットストリームの存在から推測することができ，これは〈オブジェクト特性〉に記録されることになろう。この〈オブジェクト特性〉意味単位では，受入時点ですでに集約されていたのか，それとも保存リポジトリによって保管あるいは他の目的のために作成されたものなのかを区別しない。しかしながら，この区別はコアであるとは感じられなかった。

変形と異常 Quirks and anomalies：『枠組み』は「変形 quirks」を「アーカイブによって実施された保存の過程と手続きから生じる，情報内容データ・オブジェクトの何らかの機能喪失あるいは見かけや操作感の変化」と定義している。わが作業グループは，オブジェクトの規定に合致しないオブジェクトの様相を記述するために，「異常 anomalies」という言葉を用いた。変形や異常については，それらが「イベント」の結果として定義されるべきか，それとも「オブジェクト」の属性として分類されるべきかに議論が集中した。

これらをイベントの結果として扱う方がよいとする論拠は，変形は定義上イベントの結果として生じるものであり，異常は検証イベントを通して発見されるということである。こう扱うのであれば，異常は検証イベントの記述

の一部として記録されることになるだろう。意味単位〈イベント結果〉が問題を示し，意味単位〈イベント結果詳細〉がわかった異常を記録することになるだろう。

　変形や異常をオブジェクトの属性として扱う方がよいとする論拠は，この方がそれらの重要性を高め，オブジェクトに対して間接的ではなく直接的な結びつきを与えるように見えるということである。

　決定は恣意的なものである。このデータ辞書は変形と異常をイベントの結果として扱い，〈イベント結果詳細〉に記録する。

　バイト順序 Byte order：バイト順序は9ビット以上の数が最上位桁から最下位桁に向かって（「ビッグ・エンディアン」）記録されるか，それとも最下位桁から最上位桁に向かって（「リトル・エンディアン」）記録されるかを決定する。バイト順序はハードウェアに依存し，データが異なったタイプのコンピュータで共有される際に問題を引き起こす可能性がある。しかしながら，これはすべてのフォーマットに関係するわけではない。たとえば，1バイトが1文字に相当するASCIIとか，バイト順序に依存しないUTF-8といったコード化方式には無関係である。わが作業グループは，バイト順序はフォーマット固有の技術メタデータとして扱った方がよいだろうと判断し，NISO/AIIM Z39.87（データ辞書—デジタル静止画像のための技術メタデータ）が画像のための技術メタデータとしてバイト順序を含めていることを注記した[12]。

　文字コード化方式 Character encoding：この要素は重要だが，フォーマット固有の技術メタデータで，テキスト・ファイルおよびテキストを含むことができるファイルにとってのみ有用である。

　配布フォーマット Dissemination format：配布フォーマットは検討範囲に含まれるかどうかに議論の大部分が集中した。わが作業グループが達した結論は，「保存フォーマット」が保存活動の対象であって，それは配布フォーマットと同じかもしれないし違うかもしれない，ということである。保存フォーマットが直接提示可能であるか，それとも配布のために変換されるのか

は実装の際の選択である。たとえば，もし保存フォーマットが TIFF 画像だとしたら，ある保存リポジトリは利用者のアクセスに応じてその場で配布版（たとえば JPEG 画像）を作成するだろうし，一方，別のリポジトリは TIFF マスターをそのまま配布するかもしれない。三番目のリポジトリは TIFF マスターと JPEG アクセス・コピーの両方を保存して処理するかもしれない。

このデータ辞書は保存リポジトリ内に蓄積されていないメタデータ・オブジェクトの生成には関与しない。わがグループは配布フォーマットがリポジトリにとって運用上重要であるということでは合意したが，これは保存プロセスにとってはコアではない。

埋め込みメタデータ Embedded metadata：ある実装では，ファイル・オブジェクトが埋め込みメタデータを含むかどうかを示すためにメタデータ・フラッグを使用していた。わがグループは当面この標識はデータ辞書から除いておくことで合意したが，これはたぶん，数年後には見直さなければならないだろうと理解している。なぜならより多くのフォーマットが埋め込みメタデータを含むようになっているからである。さしあたり，もし埋め込みメタデータが抽出され，別の場所に格納されるのであれば，ファイル中に埋め込まれたメタデータの存在を注記する必要はない。

わがグループはまた，ファイル・フォーマットによって定義された標準的な埋め込みメタデータと，ファイル・ヘッダーに挿入されるようなローカルに定義されたメタデータとの違いについても議論した。標準フォーマットからのローカルな逸脱はすべて，異常として記録される必要がありそうである。

イベント・タイプ Event type：意味単位〈イベント・タイプ〉はコアなのだが，すべてのタイプのイベントがコアであると考えられたわけではなく，いくつかはデータ辞書中で提供されている値の案のリストから意図的に落とされた。これらの中では，マイクロフィルム化（保存用再フォーマット），ファイルをオフラインに移すこと，媒体の再書き込みがコア・イベントではないということで合意した。ミラーリングあるいはバックアップ・コピーの作成といった，記憶装置システムによって扱われそうなイベントは，たぶん

システム・ログに記録されるものであり，メタデータを伴ったイベントのレベルにまで引き上げられていない。

イベントの次の生起 Event next occurrence：保存リポジトリによってなされる活動は定期的に実行されることが多い。たとえば，毎日あるいは週1回のモニター活動のように。次にイベントが行われる予定を示す活動日あるいは「メモ」を記録することが有用かもしれない。しかし，これはリポジトリの方針および実施の問題であって，「イベント」のコア属性ではないとみなされた。

ファイル・パス名／URI File pathname/URI：この要素は実装に固有であり，かつシステムに依存するものであると認められた。リポジトリ中に明示的に記録されるであろう情報とは認められなかった。オブジェクトのパス名あるいは位置は，情報内容管理システムではわからないことがしばしばある。一意のオブジェクト識別子のみがわかり，検索に必要とされる。また，ハンドル・システムのようないくつかのシステムでは，ファイルを検索するには〈オブジェクト識別子〉だけで通常十分である。したがって，より広範で，よりシステム依存の少ない意味単位が定義された。〈内容の位置〉は狭くも（値は正確なパスあるいは「十分に限定された」パスまたはファイル名），広くも（記憶システムからファイルを検索するのに必要な何らかの情報で，これにはハンドル・システムのような解決システムによって使用される情報も含まれる）解釈できる。

グローバル識別子 Global identifier：『枠組み』には，リポジトリ・システムの外側に知られた識別子と定義された「グローバル識別子」が含まれている。わがグループは外部に知られた識別子と内部に知られた識別子の間の区別が重要なものだとは考えなかった。内部の識別子は容易にリポジトリの外に知らせることができ，グローバル識別子となるだろう。内部の識別子が外部でグローバル識別子として十分機能する一意なものなのか，という問題が提起された。しかしながら，〈オブジェクト識別子〉は常に値とともに識別子タイプも含んでいるので，たとえタイプがローカルなリポジトリの体系で

あったとしても，タイプと値の組合せは一意となるだろう。

『枠組み』はまた，グローバル識別子は ISBN や ISSN のような標準の識別子だということも示唆している。しかしながら，これらの体系は抽象的な書誌エンティティあるいは個別資料の集合を指し示すもので，保存リポジトリ中の特定の内容データ・オブジェクトを示すものではないため，実際のところは保存メタデータというよりは記述メタデータなのである。ISBN, ISSN および同様の標準的識別子は，多くの異なった保存リポジトリに所蔵されている多くの異なった表現を参照することになりそうで，それらの間の区別をする方法はない。したがって，リポジトリによって用いられる識別子が実際には「グローバル」識別子とならざるを得ない。

MIME タイプ MIME type：インターネット・メディア・タイプおよびサブ・タイプ（一般に「MIME タイプ」と呼ばれる）はフォーマット識別の下に包含することとした。フォーマット識別は MIME タイプよりもきめ細かく正確であるよう意図されており，複数のフォーマット識別体系を含み，MIME タイプもそのうちの一つとすることが可能である。MIME タイプだけではデジタル保存のためのフォーマットを識別するのに十分ではない。すべてのフォーマットが MIME タイプを持つわけではないし，タイプ分けの仕組みが粗すぎるし，必ずしも最新の状況に追いついていないし，版情報も提供しない。よい実践方法は，フォーマット名と版を持ち，他のデータが得られない場合にのみ MIME タイプを利用することである。

修正日 Modification date：PREMIS データ・モデルが表明しているのは，メタデータはある時点の一つのオブジェクトのみを記述するということである。もしオブジェクトが変更されたり修正されたりしたら，前のオブジェクトに関連した新しいオブジェクトが作成される。そして，おのおののオブジェクトが自身のメタデータ集合を持ち，両者の間の関係もまた記述される。このモデルは，オブジェクトを修正し，そのオブジェクトに関する変更の歴史を記述するメタデータ集合を保持する，といったやり方を許さない。したがって，オブジェクトの修正日は存在せず，新しいオブジェクトの作成日の

みが存在する。修正の行為（例：移行，正規化）は「イベント」として記録され，こうしたプロセスの結果として作成されたオブジェクトにリンクされる。修正日はわがグループではオブジェクトに関するメタデータに対する変更の歴史に関する日付ではなく，「オブジェクト」に関する「イベント」レコードの文脈で考慮された。

オブジェクト・タイプ Object type：わがグループは，フォーマットよりもずっと高いレベルでオブジェクトを分類するようなジャンル，あるいはメディア・タイプのための意味単位を持つことが望ましいかどうかについて議論した。METS スキーマにはそうした要素があるのだが，今のところ，その値のために定義された統制語彙は存在しない。わがグループの議論では，オブジェクト・タイプはシステム・レベルで知ることが有用な情報で（たとえば，あるクラスの資料すべてに保存活動を実行するため），おそらく，ある環境においてどのように提示されるかという観点からオブジェクトをカテゴリ化するために有用な情報である。高レベルのオブジェクトのタイプづけは，たぶん，保存目的よりもオブジェクトの交換とアクセスに役立つ。しかしながら，普遍的に受け入れられるオブジェクト・タイプのリストの作成は PREMIS の視野の範囲を越えるものだし，タイプの典拠リストなしでは，この要素はリポジトリ外では十分に役立たないことだろう。この要素は記述メタデータに記録することも可能かもしれない。

永続性レベル Permanence levels：わがグループは，米国立医学図書館（NLM）の永続性の格づけがどのように PREMIS の仕事と交差するか議論した[29]。永続性レベルの格づけは「オブジェクト」エンティティの属性というよりも業務規則を定義するエンティティの属性であるように思われた。わがグループはすでに業務規則は対象外であることを決定していた。

プロファイル適合性 Profile conformance：「プロファイル」はフォーマットのサブタイプまたは細分化と見ることができる。たとえば，GeoTIFF 仕様は TIFF のプロファイルと見ることができる。プロファイル適合性をフォーマットの検証とは別物と見るべきかどうかという問題があった。一意のフォ

ーマットを，その最も特定のレベルでのみ記録することを推奨するという決定をしたことで，プロファイル適合性のために別の意味単位を定義する必要性はなくなった。

作成理由 Reason for creation：このメタデータ要素は『枠組み』で定義された。わが作業グループは，保存リポジトリによって作成されたオブジェクト（例：ファイルの正規化された版）については，作成理由は作成イベントの〈イベント詳細〉の一部として記録することができると結論づけた。しかしながら，わがグループは受入の前に起こるイベントやプロセスを詳細に考慮しなかったし，これらが保存リポジトリにとってコアとなる知識だという確信も持てなかった。オブジェクト作成を取り巻く状況のいくつかは「オブジェクト」エンティティに関連して〈作成アプリケーション〉中に記録してもよいだろう。わがグループは『枠組み』で使われたライフ・サイクル・モデル（起源，受入前，受入，保管，等）については，あまりに限定的であるのでいくつかの留保を示した。

兄弟関係 Sibling relationships：わがグループは，兄弟関係（同じ親の子ども）を別カテゴリの関係とすべきかどうかについて議論した。兄弟関係は常に構造関係（あるいはまた派生関係）を持つので，これらの関係のカテゴリ下に収められるべきだという合意に至った。混乱を招く可能性があるのは，親が常にリポジトリ・システム内に格納されているとは限らないことである。たとえば，マイクロソフト・ワードを使って作成されたレポートが処理されて，印刷用の PDF 版とオンライン表示用の HTML 版が作成されるかもしれない。もしこれら両方の表現が元のワード・ファイルなしに保存アーカイブ内に格納されたとしたら，二つの表現が兄弟関係にあることは必ずしも明白ではないだろう。

方法論

　コア要素サブグループは，先の『枠組み』作業グループの「保存記述情報」の推奨を分析することから始めた。OAISでは，保存記述情報は参照情報（識別子や書誌情報），文脈情報（オブジェクトはお互いどのように関係しているか），来歴情報（デジタル情報内容の歴史），および「不変性」情報を含む。保存リポジトリを活発に運用している，あるいは構築中である機関から参加しているサブグループのメンバーは，『枠組み』の要素を自分たちのシステムにおいて使用中の要素にマッピングした。このサブグループはまた，PREMIS作業グループに代表を送っていない組織やプロジェクトから公表されている仕様も検討した。

　『枠組み』で詳述されたプロトタイプ要素が現実に使われている要素に常に対応しているわけではないことが明らかになった。しかしながら，この作業からさまざまな実践に共通する要素がわかった。わがグループは電話会議で各要素について議論し，使用法の共通点を見つけ出そうとした。広く使われている要素がコア要素セットの初期段階を形成し，それがデータ・モデルが発展するにつれて適当なエンティティ・タイプへとマッピングされた。

　OAISと『枠組み』において，技術メタデータは「保存記述情報」ではなく「表現情報」とみなされている。『枠組み』には技術メタデータ要素はほとんどないため，わが作業グループは提案段階にあるグローバル・デジタル・フォーマット登録簿（GDFR）の仕様に基づいて技術メタデータの候補リストを編集し，これをメンバーの機関のリポジトリ・システムで使われているデータ要素で補った[30]。次にリストの各要素がかなり詳しく議論され，フォーマット固有あるいは実装固有の要素はすべてコアではないとみなされた。フォーマット，ハードウェアおよびソフトウェア環境の情報，電子署名などを含め特に難しい領域については，外部の専門家の助けを求める場合もあっ

た。

　どの意味単位がコアであるか決定するプロセスは，多様な出所からの要素の選定とそれらが視野の範囲内にあるかどうかの決定に関する分析と議論が中心だった。一般的に，作業グループは以下のような候補はデータ辞書から除外した。

・より広いカテゴリにグループ化できるようなメタデータ要素
・フォーマット固有，実装固有，あるいは政策指向の要素
・PREMIS の視野の範囲外の要素
・オブジェクト自体または他の情報源から容易かつ確実に情報が得られるような要素

用語集

　作業の初期段階で，PREMIS 作業グループは用語集の必要性を痛感した。というのも，保存メタデータに関する議論においては共通の語彙が欠けているように思われたからである。以下の用語集では，この報告書で使われている多くの用語を定義している。これらの用語のいくつかに他のグループが異なった意味を与えているような場合もあることは認識している。この用語集に収録する言葉は，本報告書およびデータ辞書における相対的な重要性や出現頻度，さらには解釈の際の曖昧さや混乱の可能性を基準に選択した。

　大文字で示した語はこの用語集の中で定義がなされている（訳注：大文字の語は太字および下線で示した。また配列も訳語の五十音順に直した）。

圧縮 Compression：記憶装置のスペースや伝送時間を節約するためデータをコード化するプロセス。データはすでにコンピュータ処理のためデジタル形態にコード化されているのだが，しばしば，より効率的に（より少ないビットを使って）コード化することが可能である。たとえば，run-length（連続—長さ）コード化方式は，繰り返される文字（あるいは他のデータの単位）の並びを一文字と文字数で置き換える。多くの圧縮アルゴリズムやユーティリティが存在する。圧縮されたデータは使う前に解凍されなければならない。（FOLDOC: foldoc.doc.ic.ac.uk/foldoc/foldoc.cgi?query=compression より）

暗号化 Encryption：意図された受け手以外の者がそのデータを読むことを防ぐため，プレーンテキストを暗号テキスト（暗号化されたメッセージ）に変換する暗号法で用いられる何らかの手続きを行使するプロセス。体系的には，二つのクラスの基本的暗号化法がある。公開鍵暗号法と秘密鍵暗号法である。これらは一般に相補的に用いられる。公開鍵暗号化法アルゴリズムには RSA がある。秘密鍵アルゴリズムには時代遅れとなった「デ

ータ暗号化標準（Data Encryption Standard）」，「先進的暗号標準（Advanced Encryption Standard）」，RC4 などが含まれる。

（FOLDOC: foldoc.doc.ic.ac.uk/foldoc/foldoc.cgi?query=encryption より）

移行 Migration：変換によりデジタル・オブジェクトの異なったフォーマットの版を作成する保存戦略で，新しいフォーマットは同時代のソフトウェアおよびハードウェア環境で利用できる。理想的には，移行はできる限り内容や書式設定や機能の喪失がないようになされるのがよいのだが，情報の喪失の量は関係するフォーマットや内容のタイプによってさまざまとなるだろう。「フォーマット移行」や「前方移行」とも呼ばれる。

注：移行と媒体移行は，〈OAIS 参照モデル〉における「デジタル移行（digital migration）」の定義より優先して使われる。OAIS はデジタル移行を「OAIS 内での，保存を意図した，デジタル情報の移転。移転一般とは次の三つの点で異なる。1）情報内容全体の保存に焦点，2）情報の新しい保存実施は古いものの置き換えであるという展望，3）移転のすべての局面に対する全面的な制御と責任が OAIS に存するという理解」と定義している。

異常 Anomaly：デジタル・オブジェクトの様相で，そのデジタル・オブジェクトの仕様に合致しないもの。

依存関係 Dependency Relationship：あるデジタル・オブジェクトがその情報内容の機能，伝達，あるいは一貫性を維持するため別のデジタル・オブジェクトを要求する関係。

イベント Event：保存リポジトリに知られている少なくとも一つのデジタル・オブジェクトやエージェントにかかわる活動。

意味単位 Semantic Unit：あるエンティティの属性。

注：PREMIS データ辞書は意味単位とメタデータ要素とを区別する。意味単位は保存リポジトリが知る必要のある情報である。メタデータ要素は，その情報が実際にどのように記録されるかである。したがって，実践においては，意味単位とそれに関連するメタデータ要素との間に 1 対 1 の関係

もあり得るし，1対多の関係も，あるいは多対1の関係さえもあり得る。結局，意味単位の集合を対応するメタデータ要素の集合に置き換えることは実装上の問題である。

意味単位構成要素 Semantic Component：容器内に他の一つ以上の意味単位とともにグループ化された意味単位。意味単位構成要素自体が容器であってもよい。

ウィルス・チェック Virus Check：デジタル・オブジェクトやシステムを破壊するべく設計された悪質なプログラムを防ぐため，ファイルを走査するプロセス。

ウェブ・サイト Web Site：ウェブ・ページの集合，すなわち，インターネット上でHTTPを介してアクセスできるHTML/XHTML文書群。すべての公にアクセスできるウェブ・サイトがワールド・ワイド・ウェブを形成する。ウェブ・サイトのページ群は共通のルートURL，すなわちホームページからアクセスされ，通常，同じ物理サーバ上に存在する。URLはページ群を階層的に組織化しているが，読者が全体の構造をどのように知覚するか，またウェブ・サイトの異なった部分の間でどのように往来があるか，といったことをコントロールするのは，ページ間のハイパーリンクである。
（Wikipedia: en.wikipedia.org/wiki/Web_site より）

ウェブ・ページ Web Page：ワールド・ワイド・ウェブの「ページ」であり，通常，HTML/XHTMLフォーマット（ファイル拡張子は普通.htmまたは.html）で，一つのページやセクションから他のページに移動することを可能にするハイパーテキスト・リンクを備えている。ウェブ・ページはしばしばイラストを提供するため関連するグラフィックス・ファイルを用い，それもまたクリックできるリンクとなることが可能である。
（Wikipedia: en.wikipedia.org/wiki/Web_page より）

受入 Ingest：オブジェクトを保存リポジトリの記憶装置システムに追加するプロセス。OAISの文脈では，受入は提出用情報パッケージ（SIP）を受け取り，それを長期的な保管のための保存用情報パッケージ（AIP）に変換

するといったサービスや機能を含む。

受入前 Pre-Ingest：デジタル・オブジェクトのライフ・サイクルにおける一時期で，保存リポジトリへの受入に先立つ時期。

エージェント Agent：デジタル・オブジェクトに関連する一つ以上のイベントに関連する行為者（人，機械，またはソフトウェア）。

エミュレーション Emulation：ハードウェアやソフトウェアの技術が時代遅れになってしまうという問題を克服するための保存戦略で，時代遅れになったシステムを将来の世代のコンピュータ上で模倣するための技術を開発するもの。（DPC: www.dpconline.org/graphics/intro/definitions.html より）

エンティティ Entity：同じ属性によって記述される「物事」の集合（エージェント，イベント等）の抽象的概念。PREMIS データ・モデルは五つのタイプのエンティティを定義している。すなわち，知的エンティティ，オブジェクト，エージェント，権利，イベントである。

オブジェクト Object：デジタル・オブジェクトを見よ。

解凍 Decompression：データ圧縮の結果を元に戻すプロセス。

（FOLDOC: foldoc.doc.ic.ac.uk/foldoc/foldoc.cgi?decompress より）

拡張性 Extensibility：PREMIS データ辞書中の意味単位が外部で定義された意味単位によって補足されたり，よりきめの細かい意味単位によって置き換えられることが可能だという属性。ただしその定義や用法に矛盾がないことが条件である。

格納 Store：ファイルをディスク，テープ，DVD といった不揮発性記憶装置に書き込むこと。

関係 Relationship：エンティティの具体値間の関連についての記述。

記述メタデータ Descriptive Metadata：発見（情報資源をどう見つけるか），識別（ある情報資源は他の類似の情報資源とどう区別できるか），選択（情報資源が特定の要求，たとえばビデオ記録の DVD 版，を満たすかどうかをどう決定するか）といった目的に役立つメタデータ。

（Caplan, *Metadata Fundamentals for All Librarians*, ALA Editions, 2003 より）

技術メタデータ Technical Metadata：デジタル・オブジェクトの物理的（知的に対して）属性あるいは特性を記述する情報。いくつかの技術メタデータの属性はフォーマットに固有（すなわち，それらは特定のフォーマットのデジタル・オブジェクトにのみ関係する。たとえば，TIFF画像に結びつけられた色空間）であり，一方他のものはフォーマットに依存しない（すなわち，フォーマットにかかわらずすべてのデジタル・オブジェクトに関係する。たとえばバイト数）。

業務規則 Business Rules：保存リポジトリの管理や運用を統括する方針やその他の制限，ガイドライン，および手続き。

許諾 Permission：権利保持者と保存リポジトリとの間の契約で，保存リポジトリが何らかの行動を取ることを許すもの。

検証 Validation：デジタル・オブジェクトを標準やベンチマーク（評価基準）と比較し，基準を満たしているかどうかや例外を観察するプロセス。たとえば，ファイルはファイル・フォーマット仕様やプロファイルに対して検証することができる。表現は完全性の基準に対して検証が可能である。

権利 Rights：デジタル・オブジェクトやエージェントに関する一つ以上の権利または許諾の主張。

コア保存メタデータ Core Preservation Metadata：デジタル保存プロセスを支えるため，ほとんどの保存リポジトリが知る必要がある意味単位。コア保存メタデータは特定の保存戦略，アーカイブされた情報内容のタイプ，機関がおかれた状況といった要素に依存しないものであるべきである。

更新 Refreshment：媒体更新を見よ。

構造関係 Structural Relationship：デジタル・オブジェクトの部分間の関係。

構造メタデータ Structural Metadata：デジタル情報資源の内部構造およびその部分間の関係を記述する。ナビゲーションやプレゼンテーションを可能にするために使われる。

（NINCH Guide to Good Practice: www.nyu.edu/its/humanities/ninchguide/appendices/metadata.html より）

削除 Deletion：デジタル・オブジェクトをリポジトリの記憶装置から取り除くプロセス。

作動可能 Actionable：意味単位の属性で，その意味単位が自動的に処理されるように記録あるいはコード化されていることを示す。

除籍 Deaccession：デジタル・オブジェクトを保存リポジトリの目録から抹消するプロセス。

真実性 Authenticity：デジタル・オブジェクトがそれが主張しているとおりのものである，すなわち，デジタル・オブジェクトの出所と内容の両方の完全性が証明できるという属性。

正規化 Normalization：ある版のデジタル・オブジェクトが，より保存処置に適した属性を持つ新しいフォーマットで作成されるという移行の形。正規化はしばしば受入プロセスの一部として実施される。

前方移行 Forward Migration：移行を見よ。

単純オブジェクト Simple Object：単一のファイルから成るデジタル・オブジェクト。たとえば，一つの PDF ファイルで完結している技術報告。

チェックサム Checksum：メッセージ・ダイジェストを見よ。

知的エンティティ Intellectual Entity：一つの単位として記述される密接な情報内容の集合。たとえば，本，地図，写真，逐次刊行物。知的エンティティは他の知的エンティティを含むことが可能である。たとえば，ウェブ・サイトはウェブ・ページを含むことができ，ウェブ・ページは写真を含むことができる。知的エンティティが一つ以上の表現を持つこともあり得る。

提示 Render：デジタル・オブジェクトを利用者に知覚できるようにすること。表示（視覚資料）による場合，再生（聴覚資料）による場合，あるいはデジタル・オブジェクトのフォーマットにふさわしい他の手段による場合がある。

デジタル移行 Digital Migration：移行を見よ。

デジタル・オブジェクト Digital Object：デジタル形態の情報の独立した単位。デジタル・オブジェクトは表現，ファイル，ビットストリーム，あるいは

ファイルストリームのいずれでもよい。PREMIS のデジタル・オブジェクトの定義は電子図書館コミュニティで普通に使われている定義とは異なることに注意。後者では，デジタル・オブジェクトは識別子，メタデータ，およびデータの組み合わせである。

デジタル署名 Digital Signature：暗号アルゴリズムで計算されデータに付加された値で，データの受け手は誰でもデータの発信者と完全性を確認するためその署名を使用できる。印刷された文書における手書き署名の電子版。
（BBN Technologies: www.bbn.com/glossary/D より）

デジタル署名検証 Digital Signature Validation：復号されたデジタル署名が，正しい鍵，アルゴリズム，パラメータが用いられた場合，そうなるはずの値に合致することを決定するプロセス。検証は署名されたデジタル・オブジェクトの創作者および不変性を確認する。

デジタル来歴 Digital Provenance：デジタル・オブジェクトのライフ・サイクルにおける諸プロセスの記録。典型的なデジタル来歴はデジタル・オブジェクトの維持・管理に責任を持つエージェント，デジタル・オブジェクトのライフ・サイクルの途上で起こる主要なイベント，そしてデジタル・オブジェクトの作成，管理，保存に関するその他の情報を記述する。

データ・オブジェクト Data Object：デジタル・オブジェクトを見よ。

データ・ファイル Data File：ファイルを見よ。

取扱い可能性 Viability：媒体から読み出せるという属性。

名前空間 Namespace：すべての名前が一意であるような名前の集合。
（FOLDOC: foldoc.doc.ic.ac.uk/foldoc/foldoc.cgi?namespace より）

媒体移行 Media Migration：複製の一種で，元の媒体が時代遅れで使えなくなる危険性があるため，デジタル・オブジェクトが異なったタイプのデジタル記憶媒体にコピーされる。

媒体更新 Media Refreshment：複製の一種で，デジタル・オブジェクトが元と同じまたは類似の媒体の異なった記憶装置にコピーされる。
注：媒体更新は OAIS 参照モデルにおける「更新（refreshment）」の定義

より優先して使われる。OAIS は更新を「ある媒体をコピーと置き換える結果となるデジタル移行だが，そのコピーは寸分違わないため，すべての保存記憶装置ハードウェアおよびソフトウェアが以前と同様に動き続ける」と定義している。

バイト Byte：機械のデータ階層における構成要素の一つで，通常，ビットよりも大きくワード（語）よりも小さい。現在，ほとんどの場合 8 ビットで，記憶装置でアドレス可能な最小の単位である。1 バイトは通常 1 文字を表わす。（FOLDOC: foldoc.doc.ic.ac.uk/foldoc/foldoc.cgi?query=byte より）

配布 Dissemination：デジタル・オブジェクトを保存リポジトリの保存用記憶装置から取り出し，利用者に入手させるプロセス。OAIS の文脈では，配布は一つ以上の保存用情報パッケージ（AIP）を配布用情報パッケージ（DIP）に変換し，保存リポジトリの指定コミュニティに適した形で入手可能とすることを意味する。

派生関係 Derivation Relationship：あるデジタル・オブジェクトが他のオブジェクトに行われた変換の結果であるようなデジタル・オブジェクト間の関係。

ビットストリーム Bitstream：ファイル内の隣接または非隣接データで保存目的にとって意味のある共通の属性を有するもの。ビットストリームはファイル構造（ヘッダー等）の追加なしに，あるいは特定のフォーマットに準拠するため，そのビットストリームをフォーマットし直すことなしに，独立したファイルへと変換することはできない。この定義はコンピュータ・サイエンスで使われる「ビットストリーム」の普通の定義よりも意味が狭いことに注意。

ビット・レベル保存 Bit-Level Preservation：デジタル・オブジェクトが固定され（変更されていない），取扱い可能（メディアから読み出せる）であることをただ一つの目的とする保存戦略。デジタル・オブジェクトが同時代の技術によって提示可能あるいは解釈可能であり続けることを保証するための努力はなされない。

表現 Representation：知的エンティティを具体化あるいは体現するデジタル・オブジェクト。表現は，知的エンティティの完全で合理的な提示のために必要な，保存されたファイル群と構造メタデータの集合である。

ファイル File：オペレーティング・システムによって知られている名づけられ順序づけられたバイトの並び。ファイルはゼロ・バイト以上で，アクセス許可を持ち，サイズや最終更新日といったファイル・システム統計を持つ。ファイルはまたフォーマットを持つ。

ファイルストリーム Filestream：どんな追加情報も付け加えることなく独立のファイルへと変換できる埋め込まれたビットストリーム。たとえば，tarファイルの内部に埋め込まれた TIFF 画像，あるいは XML ファイル内のコード化された EPS。

フォーマット Format：ファイル，ビットストリーム，あるいはファイルストリームを組織するための，特定の，あらかじめ制定された構造。

フォーマット移行 Format Migration：移行を見よ。

復号 Decryption：暗号技術において暗号テキスト（暗号化されたデータ）をプレーンテキストに変換するために使われる手続きを踏むプロセス。（FOLDOC: foldoc.doc.ic.ac.uk/foldoc/foldoc.cgi?decryption より）

複合オブジェクト Compound Object：複数のファイルで構成されるデジタル・オブジェクト。たとえば，テキストと画像ファイルで構成されるウェブ・ページ。

複雑オブジェクト Complex Object：複合オブジェクトを見よ。

複製 Replication：デジタル・オブジェクトをオリジナルとビット単位で同一であるようにコピーするプロセス。媒体移行と媒体更新は特殊なタイプの複製である。

不変性 Fixity：デジタル・オブジェクトが二つの時点の間に変更されなかったという属性。

不変性チェック Fixity Check：ファイルあるいはビットストリームが所定の期間に変更されなかったことを確認するプロセス。一般的な不変性チェッ

クの方法は，ある時点でメッセージ・ダイジェスト（「ハッシュ」）を計算しておき，後の時点でメッセージ・ダイジェストを再計算することである。もし二つのダイジェストが一致すれば，そのオブジェクトは変更されなかったことになる。

プロファイル Profile：あるフォーマットの特定の実装のための仕様。たとえば，GeoTIFF は TIFF のプロファイルの一つである。

変換 Transformation：デジタル・オブジェクトに行使されるプロセスで，元のデジタル・オブジェクトとビット単位で同一ではない，一つ以上の新しいデジタル・オブジェクトを生む。変換の例には移行や正規化がある。

変形 Quirk：保存リポジトリによって実施された保存プロセスや手続きの結果生じた，デジタル・オブジェクトの機能の喪失または外観や操作感の変化。（オーストラリア国立図書館によって与えられた定義も参照のこと www.nla.gov.au/preserve/pmeta.html#14）

捕捉 Capture：保存リポジトリが長期的な保管のためにデジタル・オブジェクトを能動的に獲得するプロセス。たとえば，ウェブ・サイトを集める収集プログラム。捕捉プロセスは受入プロセスに先立つことに注意。

保存メタデータ Preservation Metadata：保存リポジトリがデジタル保存プロセスを維持するために使用する情報。

保存リポジトリ Preservation Repository：唯一の責任として，あるいはいくつかある責任の一つとして，その保護下にあるデジタル・オブジェクトの長期保存を引き受けるリポジトリ。

メッセージ・ダイジェスト Message Digest：メッセージに対して一方向性のハッシュ関数を適用した結果。メッセージ・ダイジェストはメッセージよりも短い値だが，もしメッセージが一文字でも変更されたとしたら違うものになるだろう（BBN Technologies: www.bbn.com/glossary/M）。ここで「メッセージ」とは何らかのビットの列を意味し，ファイルとかビットストリームのようなものである。メッセージ・ダイジェストはしばしば非公式に「チェックサム」と呼ばれる。

メッセージ・ダイジェスト計算 Message Digest Calculation：メッセージ・ダイジェストが，保存リポジトリに存在するデジタル・オブジェクトのために作成されるプロセス。不変性チェックも見よ。

容器 Container：このデータ辞書では，他の関連する意味単位をグループ化するために使われる意味単位。容器意味単位はそれ自体の値を持たない。

抑制因子 Inhibitor：デジタル・オブジェクトのアクセス，コピー，配布，あるいは移行を抑制することを意図した機能。一般的な抑制因子は暗号化とパスワード保護である。

粒度 Granularity：オブジェクトあるいは活動を特徴づける，相対的なサイズ，スケール，ディテールのレベル，あるいは浸透の深さ。「粒度のレベル」という言葉が階層における焦点のレベルあるいは記述の限定性のレベルを言い表すのに用いられるかもしれない。

ルート Root：表現を正しく提示するために最初に処理されなければならないファイル。

原注

1 *A Metadata Framework to Support the Preservation of Digital Objects* (Dublin, Ohio: OCLC Online Computer Library Center, 2002), www.oclc.org/research/projects/pmwg/pm_framework.pdf.
2 *Implementing Preservation Repositories for Digital Materials: Current Practice and Emerging Trends in the Cultural Heritage Community* (Dublin, Ohio: OCLC Online Computer Library Center, 2004), www.oclc.org/research/projects/pmwg/surveyreport.pdf.
3 *Reference Model for an Open Archival Information System (OAIS)* (Washington, DC: Consultative Committee for Space Data Systems, 2002), ssdoo.gsfc.nasa.gov/nost/wwwclassic/documents/pdf/CCSDS-650.0-B-1.pdf.
4 他の保存メタデータ・イニシアティブは他のモデルを策定している。ニュージーランド国立図書館（The National Library of New Zealand）は四つのタイプのエンティティを定義している。オブジェクト，ファイル，プロセス，メタデータ修正である。*Metadata Standards Framework--Preservation Metadata (Revised)* (Wellington: National Library of New Zealand, June 2003), www.natlib.govt.nz/files/4initiatives_metaschema_revised.pdf.
5 PREMISのオブジェクト・エンティティの定義は，電子図書館コミュニティで一般的に使用されているデジタル・オブジェクトの定義と異なることに注意。後者ではデジタル・オブジェクトを識別子，メタデータ，データの組み合わせであるとしている。これは論争を引き起こそうという意図ではない。われわれのモデルのオブジェクト・エンティティは，属性（意味単位）を分類し，関係を明確化するためにのみ定義された抽象物である。
6 IFLA, *Functional Requirements for Bibliographic Records* (Munich: K.G. Saur, 1998), www.ifla.org/VII/s13/frbr/frbr.pdf.（訳注：邦訳：和中幹雄，古川肇，永田治樹訳『書誌レコードの機能要件—IFLA書誌レコード機能要件研究グループ最終報告』日本図書館協会，2004. http://www.ifla.org/VII/s13/frbr/frbr-jp.pdf）
7 Coyle, Karen, *Rights in the PREMIS Data Model*, http://www.loc.gov/standards/premis/Rightsin-the-PREMIS-Data-Model.pdf.
8 Hirtle, Peter B., *Digital Preservation and Copyright*, http://fairuse.stanford.edu/commentary_and_analysis/2003_11_hirtle.html.
9 California Digital Library, copyrightMD schema, http://www.cdlib.org/inside/projects/rights/schema/.
10 Metadata Encoding & Transmission Standard (METS), http://www.loc.gov/standards/

mets/.
11 The Dublin Core Metadata Element Set, http://www.dublincore.org/documents/dces/.
12 *Data Dictionary—Technical Metadata for Digital Still Images*, ANSI/NISO Z39.87-2006, http://www.niso.org/standards/standard_detail.cfm?std_id=731.
13 *Information technology – Multimedia framework (MPEG-21)*, ISO/IEC 21000 (multiple parts), International Organization for Standardization.
14 Synchronized Multimedia Integration Language (SMIL), http://www.w3.org/TR/REC-smil/.
15 Resource Description Framework (RDF), www.w3.org/RDF/.
16 MARC21, http://www.loc.gov/marc/.
17 Metadata Object Description Schema (MODS), http://www.loc.gov/standards/mods/.
18 *Content Standard for Digital Geospatial Metadata*, FGDC-STD-001-1998, http://www.fgdc.gov/metadata/csdgm/.
19 VRA Core 4.0, http://www.vraweb.org/projects/vracore4/.
20 Encoded Archival Description (EAD), http://www.loc.gov/ead/.
21 Data Documentation Initiative (DDI), http://www.ddialliance.org/.
22 vCard,http://www.imc.org/pdi/.
23 Metadata Authority Description Schema (MADS), http://www.loc.gov/standards/mads/.
24 Wikipedia,the free encyclopedia, en.wikipedia.org/wiki/Main_Page.
25 たとえば，次の提案を見よ。Global Digital Format Registry at hul.harvard.edu/gdfr/.
26 JHOVE– JSTOR/Harvard Object Validation Environment, hul.harvard.edu/jhove/.
27 Digital Preservation Coalition Handbook, www.dpconline.org/graphics/intro/definitions.html.
28 *XML-Signature Syntax and Processing*, W3C Recommendation 12 February 2002, www.w3.org/TR/xmldsig-core/.
29 Margaret Byrnes, *Assigning Permanence Levels to NLM's Electronic Publications* (presented at 2000 Preservation: An International Conference on the Preservation and Long Term Accessibility of Digital Materials), www.rlg.org/en/page.php?Page_ID=244.
30 Global Digital Format Registry (GDFR) Data Model, http://hul.harvard.edu/gdfr/documents.html#data.

索引

【五十音順】

[あ]

圧縮　75-76, 108, 137, 141, 177-179, 195, 198

アプリケーションによる作成日　40, 50, 58, 88, 90-91

暗号化　75-78, 92-93, 117, 137, 177-179, 182-184, 195-196, 203, 205

移行　6, 26, 38, 40, 66, 70-71, 88, 92, 99, 127, 138, 163, 191, 196, 200, 203-205

異常　34, 141, 186-188, 196

依存関係　39, 196

依存性　39, 59, 100, 103-106

依存性識別子　59, 104-105

依存性識別子タイプ　59, 104-105

依存性識別子値　59, 104-105

依存性名　59, 103-104

1：1の原則　36, 40

イベント　24-26, 32-37, 39-41, 43, 48, 50-51, 56, 71, 78, 80, 88, 90, 134-145, 147, 154, 178, 180-181, 186-189, 191-192, 196, 198, 201

イベント結果　34, 48, 71, 78, 134, 140-141, 187

イベント結果詳細　34, 48-49, 135, 140-142, 187

イベント結果詳細注記　135, 141

イベント結果詳細の拡張　135, 141

イベント結果情報　48, 134, 140-142

イベント識別子　33, 36, 127-130, 134, 136-137

イベント識別子タイプ　36, 127, 129, 134, 136

イベント識別子値　36, 128, 130, 134, 137

イベント詳細　134, 138, 139, 181, 192

イベント・タイプ　134, 137-138, 163, 188-189

イベント日時　50, 128, 134, 139

イベントの次の生起　189

意味単位　22-26, 41-44, 48-53, 196-197

意味単位構成要素　26, 48, 51-53, 197

ウィルス・チェック　129, 138, 197

ウェブ・アーカイビング　12

ウェブ・サイト　25, 38, 126, 183, 197, 200, 201

ウェブ・ページ　25, 126, 176, 197, 200, 203

受入　43, 46, 62, 80, 82, 89, 114-115, 137-138, 186, 192, 197-198, 200, 201

受入前　89, 192, 198

埋め込みメタデータ　188

永続性レベル　191

エージェント　24-25, 30, 34-37, 40, 43, 51, 54, 56, 80, 102, 116, 134-136, 142-143, 146-150, 152-154, 167-168, 181-182, 196, 198, 199, 201

エージェント識別子　80, 116, 143, 146-149, 168

エージェント識別子タイプ　143, 146-148, 168

エージェント識別子値　80, 143, 146-148, 168

エージェント・タイプ　146, 149

エージェント名　146, 149

エミュレーション　70, 198

エンティティ　24-27, 34-37, 39-41, 43-44,

索引　209

48-49, 51, 54-56, 89, 103, 122, 134, 146, 150, 153, 155, 169, 176, 181-182, 190-192, 196, 198, 206
大きさ　25-27, 57, 75, 81, 177-178
オープン・アクセス　10-11
オブジェクト　19, 21-22, 24-27, 30-34, 36-48, 51, 54-55, 56-133, 134-139, 144-146, 150-153, 156-158, 160-161, 166-167, 170, 172, 174-182, 184, 186-194, 196-205
オブジェクト・カテゴリ　52, 56, 64
オブジェクト識別子　36-37, 44, 47, 56, 62-64, 96-97, 105, 124-125, 144, 166-167, 189
オブジェクト識別子タイプ　36-37, 56, 62-63, 124, 144, 166
オブジェクト識別子値　36-37, 56, 62-64, 125, 144, 167
オブジェクト・タイプ　191
オブジェクト特性　48-49, 55, 57-58, 75, 77-78, 94, 177-178, 180, 186
オブジェクト特性の拡張　48-49, 55, 58, 75, 94

[か]
開始日（許諾期間）　50, 151, 164
解凍　28, 76, 108, 137, 178, 195, 198
鍵情報　60, 92, 115-116, 119, 184-186
拡張性　48-50, 89, 91, 94, 113, 120, 142, 169, 198
拡張容器　26, 48-50, 74, 185
格納　21, 23, 29-30, 34, 45, 47, 55, 62, 71, 77, 81, 85, 88, 170, 176, 178-179, 182-183, 185, 188, 192, 198
環境　39-40, 44, 48, 59, 89, 100-113, 173-177, 191, 193, 196
環境情報　39, 44, 100, 103, 110, 175-177
環境注記　59, 100, 102
環境特性　59, 100-101, 174
環境の拡張　59, 100, 113
関係　26, 33, 37-41, 45, 60, 104, 121-128, 178, 190, 192, 196, 198, 199, 202
関係イベント識別　33, 41, 60, 121, 127-128
関係イベント識別子タイプ　33, 60, 127
関係イベント識別子値　33, 60, 127-128
関係イベントの順序　33, 60, 127-128
関係オブジェクト識別　33, 60, 124-126
関係オブジェクト識別子タイプ　33, 60, 124
関係オブジェクト識別子値　33, 60, 124-125
関係オブジェクトの順序　33, 60, 124, 126
関係サブタイプ　33, 60, 75, 121-123, 126
関係タイプ　33, 60, 89, 104, 121-122
完全性　78, 179-181, 199-201
記憶装置　29, 32, 45, 59, 81, 89-90, 96-99, 111-112, 137-138, 188, 195, 197-198, 200, 202
記憶媒体　59, 96, 99, 201
記述メタデータ　7-9, 39, 51, 53-54, 62, 130, 190-191, 198
技術メタデータ　28, 42, 49, 54-55, 62, 187, 193, 199
機関リポジトリ　10-13
義務　41, 51-53
兄弟関係　192
業務規則　53, 55, 191, 199
許諾　22, 25, 35, 54, 146, 150-151, 155, 158-165, 168, 199
許諾期間　50, 151, 163, 164-165
許諾権利　151, 153, 163-165
許諾権利注記　151, 163, 165
グローバル識別子　189
グローバル・デジタル・フォーマット登録簿　85, 193
検証　33-34, 60, 87, 115, 117-119, 129, 138, 143, 163, 172, 180, 184-186, 191, 199
権利　22, 24-25, 35-37, 43, 48, 51, 54-55, 56, 61, 132-133, 146, 150-169, 198-199
権利の拡張　150, 152-153, 169

権利の根拠　151, 153, 155, 156, 158, 160, 167
権利文書　35-36, 61, 132-133, 146, 150-151, 153-156, 166-169
権利文書識別子　150-151, 153-155
権利文書識別子タイプ　150, 154
権利文書識別子値　151, 154
コア保存メタデータ　22-23, 199
行為（許諾権利）　151, 153, 163-164
更新　199
構成レベル　57, 75-77, 177-179
構造関係　38-39, 103, 121-122, 126, 192, 199
構造メタデータ　27, 30, 45, 56, 121, 180, 199, 203
コンテナ　→容器

[さ]
削除　32, 137, 163, 200
作成アプリケーション　48, 50, 58, 75, 88-91, 94, 177, 192
作成アプリケーションの拡張　58, 88, 91
作成アプリケーションの版　58, 88, 90
作成アプリケーション名　58, 88-89
作成／維持注記　53
作成理由　192
作動可能　140, 199
実装可能性　23
『実装調査報告』　22, 45
修正日　40, 91, 190-191
集約　186
重要属性　48, 57, 70-74, 175
重要属性タイプ　57, 70-73
重要属性値　57, 70-74
重要属性の拡張　57, 70, 74
終了日（許諾期間）　50, 151, 164-165
使用法注記　53
情報パッケージ　8-9, 95, 176, 197, 202
『書誌レコードの機能要件』　29
除籍　137, 200

署名（署名情報）　60, 114-119
署名検証ルール　60, 115, 118, 184-185
署名コード化方式　60, 115-116, 184-185
署名者　60, 114-116, 119, 182-185
署名属性　60, 115, 118, 184-185
署名値　60, 115-117, 119, 184-185
署名方法　47, 60, 115, 117, 184-185
署名情報　48, 60, 114-120, 184
署名情報の拡張　60, 114, 120, 184
真実性　19, 22, 32, 78, 179-182, 200
正規化　33, 118, 138, 191, 192, 200, 204
制限（許諾権利）　151, 163, 164
前方移行　196, 200
ソフトウェア　5-7, 39, 59, 100, 106-109, 173-175, 193, 196, 198, 202
ソフトウェアの依存性　39, 59, 103, 106, 109
ソフトウェアのタイプ　59, 106, 108
ソフトウェアの他の情報　59, 106, 108
ソフトウェアの版　59, 106-107, 109
ソフトウェア名　59, 106-110

[た]
体現形　29
ダブリン・コア　7, 11, 38-39, 54
「玉ねぎ」モデル　177
チェックサム　78, 140, 200, 204
単純オブジェクト　200
知的エンティティ　24-25, 27, 29-32, 38-40, 51, 53, 56, 61, 130-131, 198, 200, 203
著作権情報　50, 151, 153, 155-157
著作権注記　151, 156-157
著作権の状態　151, 156
著作権の状態の決定日　151, 156-157
著作権の法域　151, 156-157
提示　7-8, 19, 22, 27, 29, 31, 39, 45, 70, 88, 100-103, 106, 108, 121, 123, 126, 173, 175-176, 187, 191, 200, 203, 205
提出用情報パッケージ（SIP）　9, 95, 197

索引

デジタル移行　196, 200, 202
デジタル・オブジェクト　→オブジェクト
デジタル署名　92, 114-120, 138, 181-186, 201
デジタル署名検証　138, 201
デジタル署名メタデータ　183-186
デジタル保存連合（DPC）　180
デジタル来歴　22, 32, 121, 142, 144, 181, 201
データ・オブジェクト　8-9, 62, 146, 184, 186, 190, 201
データ・ファイル　45, 201
統制語彙　46-47, 52, 63-64, 66-67, 79, 84, 87, 93, 97, 99, 101-102, 105, 108, 111, 116-117, 122, 124, 131-132, 137, 140, 143-144, 148-149, 154-156, 159, 161, 163, 166, 168, 191
取扱い可能性　19, 22, 201

[な]
内容の位置　29, 59, 96-98, 189
内容の位置の値　59, 97-98
内容の位置のタイプ　59, 97
名前空間　23, 44, 201

[は]
媒体移行　196, 201, 203
媒体更新　55, 199, 202-203
バイト　27, 56, 78, 81, 97, 177, 187, 199, 202, 203
バイト順序　187
配布　9, 32, 39, 54, 63, 95, 138, 163, 176, 181, 187-188, 202, 205
配布フォーマット　176, 187-188
配布用情報パッケージ（DIP）　9, 176, 202
パスワード　92-94, 205
派生関係　38-40, 121-123, 127, 178, 192, 202
ハードウェア　5-7, 39, 55, 59, 100-101, 103, 108, 110-112, 118, 174, 182, 187, 193, 196, 198, 202
ハードウェアのタイプ　59, 110-111
ハードウェアの他の情報　59, 110, 112
ハードウェア名　59, 110-112
非コア・メタデータ　186-192
ビットストリーム　27-29, 32, 40-41, 43, 52-53, 56, 64, 75-78, 81-82, 84, 92, 97-98, 121, 123, 170-172, 175, 178, 182, 184, 186, 200, 202-204
ビット・レベル[保存]　66-68, 100, 138, 202
表現　25, 27, 29-32, 38-40, 43-44, 51-52, 56, 62, 64-65, 75, 78, 95, 100, 103-104, 121, 123, 126, 175-176, 180, 190, 192, 199-200, 203, 205
ファイル　6-8, 27-34, 38-41, 43-46, 51-52, 55-56, 62, 64, 68, 70, 75-78, 80-82, 84, 88-90, 92, 95-98, 100, 102-104, 110, 114-115, 121, 123, 126, 138, 163, 170-180, 182, 184, 186-189, 192, 197-204
ファイルストリーム　27-29, 43, 52, 64, 77, 98, 178, 201, 203
ファイル・パス名　189
ファイル・フォーマット　→フォーマット
フォーマット　6-8, 11-12, 26-28, 34, 38, 40, 44-46, 49-50, 54-55, 57-58, 65-68, 70, 75, 77, 78, 82-87, 89, 92, 100, 106, 108, 110, 121, 129, 138, 163, 170-180, 187-188, 190-194, 196-197, 199-200, 202-204
フォーマット移行　→移行
フォーマット注記　58, 82, 87, 172-173
フォーマット登録簿　58, 82-83, 85-87, 106, 171-173, 193
フォーマット登録簿の鍵　58, 85-86
フォーマット登録簿の役割　58, 85, 87, 172
フォーマット登録簿名　58, 85-86
フォーマットの版　57, 83-84, 138, 171, 196
フォーマット表示記号　57, 82-85, 87, 171-173
フォーマット名　57, 83-84, 171-173, 190

212

復号　28, 76, 94, 137-138, 182, 201, 203
複合オブジェクト　45, 123, 176, 203
複雑オブジェクト　→複合オブジェクト
複製　38, 138, 163, 201-203
不変性　8, 57, 75, 77-80, 138, 140, 178-181, 193, 201, 203-205
不変性チェック　77-80, 138, 140, 180, 204-205
プロファイル　47, 83, 85, 87, 141, 170, 172-173, 191-192, 199, 204
プロファイル適合性　141, 191-192
文脈　8, 100, 103, 173, 185, 193
変換　7, 27-28, 38, 40, 88, 102, 122, 137-138, 187, 195-197, 202-204
変形　141, 186-187, 204
法域（法令情報）　151, 160-161
法令識別情報　151, 160-161
法令情報　50, 151, 153, 155, 160-162
法令情報決定日　50, 151, 160, 162
法令注記　50, 160, 162
捕捉　137, 204
保存記述情報　8, 193
保存メタデータ　5, 7-9, 11, 13-14, 19-24, 38, 174, 190, 195, 199, 204
保存用情報パッケージ（AIP）　9, 197, 202
保存リポジトリ　19, 21-23, 25, 29-33, 35, 37-43, 46-47, 51-56, 62-67, 80, 85, 95, 97, 104-105, 121, 124-125, 127, 129, 134, 136-138, 147, 154, 163, 171, 181, 183, 186, 188-190, 192-193, 196-202, 204-205
保存レベル　50, 55-57, 65-69
保存レベル設定理由　57, 65, 68
保存レベル値　57, 65-69
保存レベルの役割　57, 65, 67
保存レベル割当日　50, 57, 65, 69

[ま]

メタデータ要素　9, 21, 23, 26, 37, 41-42, 45, 54, 192-194, 196-197

メッセージ・ダイジェスト　52, 57, 77-80, 117-119, 138, 177-178, 180-182, 200, 204-205
メッセージ・ダイジェスト・アルゴリズム　57, 77-79
メッセージ・ダイジェスト計算　138, 205
メッセージ・ダイジェスト発信者　57, 77, 80
文字コード化方式　187
元の名　59, 95

[や]

容器　26, 33, 36, 44, 48-50, 52-53, 62, 65-67, 70-71, 73-75, 77, 82-83, 85, 88, 91-92, 94, 96-97, 100, 103-104, 106, 109-110, 113-115, 119-121, 124, 127, 129-130, 132, 136, 140-142, 144, 147, 153-154, 156, 158, 160, 163-164, 166-167, 169, 171-172, 174-175, 177, 185, 197, 205
抑制因子　28, 58, 75, 92-94, 205
抑制因子タイプ　58, 92-93
抑制因子の鍵　58, 92, 94
抑制対象　58, 92-93

[ら]

ライセンス識別子　151, 158-159
ライセンス識別子タイプ　151, 158-159
ライセンス識別子値　151, 158-159
ライセンス条項　151, 158-160
ライセンス情報　151, 153, 155, 158-160
ライセンス注記　151, 158, 160
来歴　8, 22, 32, 121, 142, 144, 181, 193, 201
粒度　48, 171, 205
リンクするイベントの識別子　33, 40, 61, 129-130
リンクするイベントの識別子タイプ　33, 61, 129
リンクするイベントの識別子値　33, 61, 129-130

リンクするエージェントの識別子　135, 142-143, 152-153, 167-168
リンクするエージェントの識別子タイプ　135, 142-143, 152, 167-168
リンクするエージェントの識別子値　135, 142-143, 152, 167-168
リンクするエージェントの役割　135, 142-143, 152, 167-168
リンクするオブジェクトの識別子　135, 144-145, 151-153, 166-167
リンクするオブジェクトの識別子タイプ　135, 144, 151, 166
リンクするオブジェクトの識別子値　135, 144, 152, 166-167
リンクするオブジェクトの役割　135, 144-145
リンクする権利文書の識別子　61, 132-133
リンクする権利文書の識別子タイプ　61, 132
リンクする権利文書の識別子値　61, 132-133
リンクする知的エンティティの識別子　40, 61, 130-131
リンクする知的エンティティの識別子タイプ　61, 130-131
リンクする知的エンティティの識別子値　61, 130-131
ルート　123, 197, 205

[わ]

『枠組み』　10, 21-22, 186, 189-190, 192-193

【アルファベット順】

[A]
act　→行為（許諾権利）
Actionable　→作動可能
Agent　→エージェント
agentIdentifier　→エージェント識別子
agentIdentifierType　→エージェント識別子タイプ
agentIdentifierValue　→エージェント識別子値
agentName　→エージェント名
agentType　→エージェント・タイプ
Aggregation　→集約
AIP　→保存用情報パッケージ
Anomaly　→異常
Authenticity　→真実性
AVI　31-32, 175

[B]
Bit-Level Preservation　→ビット・レベル保存
Bitstream　→ビットストリーム
Business Rules　→業務規則
Byte　→バイト
Byte order　→バイト順序

[C]
Capture　→捕捉
CD-ROM　6, 99, 176
CEDARS　9
Character encoding　→文字コード化方式
Checksum　→チェックサム
Complex Object　→複雑オブジェクト
compositionLevel　→構成レベル
Compound Object　→複合オブジェクト
Compression　→圧縮
Container　→容器
contentLocation　→内容の位置
contentLocationType　→内容の位置のタイプ
contentLocationValue　→内容の位置の値
copyrightInformation　→著作権情報
copyrightJurisdiction　→著作権の法域
copyrightMD　35, 156
copyrightNote　→著作権注記
copyrightStatus　→著作権の状態

copyrightStatusDeterminationDate　→著作権の状態の決定日
Core Preservation Metadata　→コア保存メタデータ
creatingApplication　→作成アプリケーション
creatingApplicationExtension　→作成アプリケーションの拡張
creatingApplicationName　→作成アプリケーション名
creatingApplicationVersion　→作成アプリケーションの版

[D]
Data File　→データ・ファイル
Data Object　→データ・オブジェクト
dateCreatedByApplication　→アプリケーションによる作成日
Deaccession　→除籍
Decompression　→解凍
Decryption　→復号
Deletion　→削除
Dependency　→依存性
Dependency Relationship　→依存関係
dependencyIdentifier　→依存性識別子
dependencyIdentifierType　→依存性識別子タイプ
dependencyIdentifierValue　→依存性識別子値
dependencyName　→依存性名
Derivation Relationship　→派生関係
Descriptive Metadata　→記述メタデータ
Digital Migration　→デジタル移行
Digital Object　→デジタル・オブジェクト
Digital Provenance　→デジタル来歴
Digital Signature　→デジタル署名
Digital Signature Validation　→デジタル署名検証
DIP　→配布用情報パッケージ

DSA　47, 117, 184
Dissemination　→配布
Dissemination format　→配布フォーマット
DVD　6, 55, 99, 176, 198

[E]
Embedded metadata　→埋め込みメタデータ
Emulation　→エミュレーション
Encryption　→暗号化
endDate　→終了日（許諾期間）
Entity　→エンティティ
environment　→環境
environmentCharacteristic　→環境特性
environmentExtension　→環境の拡張
environmentNote　→環境注記
environmentPurpose　→環境の目的
Event　→イベント
Event next occurrence　→イベントの次の生起
eventDateTime　→イベント日時
eventDetail　→イベント詳細
eventIdentifier　→イベント識別子
eventIdentifierType　→イベント識別子タイプ
eventIdentifierValue　→イベント識別子値
eventOutcome　→イベント結果
eventOutcomeDetail　→イベント結果詳細
eventOutcomeDetailExtension　→イベント結果詳細の拡張
eventOutcomeDetailNote　→イベント結果詳細注記
eventOutcomeInformation　→イベント結果情報
eventType　→イベント・タイプ
Extensibility　→拡張性

[F]
File　→ファイル
File pathname　→ファイル・パス名

索引 *215*

Filestream　→ファイルストリーム
Fixity, fixity　→不変性
Fixity Check　→不変性チェック
Format, format　→フォーマット
Format Migration　→フォーマット移行
formatDesignation　→フォーマット表示記号
formatName　→フォーマット名
formatNote　→フォーマット注記
formatRegistry　→フォーマット登録簿
formatRegistryKey　→フォーマット登録簿の鍵
formatRegistryName　→フォーマット登録簿名
formatRegistryRole　→フォーマット登録簿の役割
formatVersion　→フォーマットの版
Forward Migration　→前方移行
FRBR　→『書誌レコードの機能要件』

[G]
GDFR　→グローバル・デジタル・フォーマット登録簿
GeoTIFF　→ 83-84, 173, 191, 204
Global identifier　→グローバル識別子
Granularity　→粒度
gzip　178

[H]
hardware　→ハードウェア
hwName　→ハードウェア名
hwOtherInformation　→ハードウェアの他の情報
hwType　→ハードウェアのタイプ

[I]
Ingest　→受入
Inhibitor, inhibitors　→抑制因子
inhibitorKey　→抑制因子の鍵

inhibitorTarget　→抑制対象
inhibitorType　→抑制因子タイプ
Intellectual Entity　→知的エンティティ
ISBN　62, 190
ISSN　190

[J]
JPEG2000　30, 68, 78

[K]
keyInformation　→鍵情報

[L]
licenseIdentifier　→ライセンス識別子
licenseIdentifierType　→ライセンス識別子タイプ
licenseIdentifierValue　→ライセンス識別子値
licenseInformation　→ライセンス情報
licenseNote　→ライセンス注記
licenseTerms　→ライセンス条項
linkingAgentIdentifier　→リンクするエージェントの識別子
linkingAgentIdentifierType　→リンクするエージェントの識別子タイプ
linkingAgentIdentifierValue　→リンクするエージェントの識別子値
linkingAgentRole　→リンクするエージェントの役割
linkingEventIdentifier　→リンクするイベントの識別子
linkingEventIdentifierType　→リンクするイベントの識別子タイプ
linkingEventIdentifierValue　→リンクするイベントの識別子値
linkingIntellectualEntityIdentifier　→リンクする知的エンティティの識別子
linkingIntellectualEntityIdentifierType　→リンクする知的エンティティの識別子タイ

プ

linkingIntellectualEntityIdentifierValue　→リンクする知的エンティティの識別子値

linkingObjectIdentifier　→リンクするオブジェクトの識別子

linkingObjectIdentifierType　→リンクするオブジェクトの識別子タイプ

linkingObjectIdentifierValue　→リンクするオブジェクトの識別子値

linkingObjectRole　→リンクするオブジェクトの役割

linkingRightsStatementIdentifier　→リンクする権利文書の識別子

linkingRightsStatementIdentifierType　→リンクする権利文書の識別子タイプ

linkingRightsStatementIdentifierValue　→リンクする権利文書の識別子値

[M]

MARC　54, 148

Media Migration　→媒体移行

Media Refreshment　→媒体更新

Message Digest, messageDigest　→メッセージ・ダイジェスト

Message Digest Calculation　→メッセージ・ダイジェスト計算

messageDigestAlgorithm　→メッセージ・ダイジェスト

messageDigestOriginator　→メッセージ・ダイジェスト発信者

METS　39, 45, 47, 173, 191

Migration　→移行

MIMEタイプ　171, 190

Modification date　→修正日

MODS　54

MPEG-21　45

[N]

Namespace　→名前空間

Normalization　→正規化

[O]

OAIS参照モデル　8-9, 11-12, 22, 193, 196-197, 202

Object　→オブジェクト

Object type　→オブジェクト・タイプ

objectCategory　→オブジェクト・カテゴリ

objectCharacteristics　→オブジェクト特性

objectCharacteristicsExtension　→オブジェクト特性の拡張

objectIdentifier　→オブジェクト識別子

objectIdentifierType　→オブジェクト識別子タイプ

objectIdentifierValue　→オブジェクト識別子値

originalName　→元の名

[P]

PDF　11, 27, 38-39, 70, 73, 84, 88, 92, 102, 106, 177-179, 192, 200

Permanence levels　→永続性レベル

Permission　→許諾

Pre-Ingest　→受入前

PREMIS維持活動　20, 46

PREMIS準拠　41-43, 53, 69, 90, 139, 157, 162, 164-165

PREMIS [XML] スキーマ　20, 46-48, 69, 90, 139, 157, 162, 164-165

Preservation Metadata　→保存メタデータ

Preservation Repository　→保存リポジトリ

preservationLevel　→保存レベル

preservationLevelDateAssigned　→保存レベル割当日

preservationLevelRationale　→保存レベル設定理由

preservationLevelRole　→保存レベルの役割

preservationLevelValue　→保存レベル値

Profile　→プロファイル

Profile conformance →プロファイル適合性

[Q]
Quirk →変形

[R]
RDF 47
Reason for creation →作成理由
Refreshment →更新
relatedEventIdentification →関係イベント識別
relatedEventIdentifierType →関係イベント識別子タイプ
relatedEventIdentifierValue →関係イベント識別子値
relatedEventSequence →関係イベントの順序
relatedObjectIdentification →関係オブジェクト識別
relatedObjectIdentifierType →関係オブジェクト識別子タイプ
relatedObjectIdentifierValue →関係オブジェクト識別子値
relatedObjectSequence →関係オブジェクトの順序
Relationship, relationship →関係
relationshipSubType →関係サブタイプ
relationshipType →関係タイプ
Render →提示
Replication →複製
Representation →表現
restriction →制限（許諾権利）
Rights →権利
rightsBasis →権利の根拠
rightsExtension →権利の拡張
rightsGranted →許諾権利
rightsGrantedNote →許諾権利注記
rightsStatement →権利文書
rightsStatementIdentifier →権利文書識別子

rightsStatementIdentifierType →権利文書識別子タイプ
rightsStatementIdentifierValue →権利文書識別子値
RSA 117, 196
Root →ルート

[S]
Semantic Component →意味単位構成要素
Semantic Unit →意味単位
SGML 27, 30-31, 82
SHA 47, 52, 78-79, 117, 182, 184
Sibling relationships →兄弟関係
signature →署名
signatureEncoding →署名コード化方式
signatureInformation →署名情報
signatureInformationExtension →署名情報の拡張
signatureMethod →署名方法
signatureProperties →署名属性
signatureValidationRules →署名検証ルール
signatureValue →署名値
signer →署名者
significantProperties →重要属性
significantPropertiesExtension →重要属性の拡張
significantPropertiesType →重要属性タイプ
significantPropertiesValue →重要属性値
Simple Object →単純オブジェクト
SIP →提出用情報パッケージ
size →大きさ
SMIL 45
software →ソフトウェア
startDate →開始日（許諾期間）
statuteCitation →法令識別情報
statuteInformation →法令情報
statuteInformationDeterminationDate →法令情報決定日

statuteJurisdiction →法域
statuteNote →法令注記
Store →格納
storage →記憶装置
storageMedium →記憶媒体
Structural Relationship →構造関係
swDependency →ソフトウェアの依存性
swName →ソフトウェア名
swOtherInformation →ソフトウェアの他の情報
swType →ソフトウェアのタイプ
swVersion →ソフトウェアの版

[T]
tar 28, 179, 203
Technical Metadata →技術メタデータ
termOfGrant →許諾期間
TIFF 27-31, 38, 70, 82-84, 86, 171, 173, 175, 188, 191, 199, 203-204
Transformation →変換

[U]
URI 47, 86, 97, 105, 109, 112, 131-132, 189

[V]
Validation →検証
Viability →取扱い可能性
Virus Check →ウィルス・チェック

[W]
WAV, WAVE 28, 83, 172-173
Web Page →ウェブ・ページ
Web Site →ウェブ・サイト

[X]
X.509 証明書 183
XML 20, 27-28, 30-31, 33, 38-39, 45, 47, 50, 52, 103, 114-115, 119-120, 173, 183, 185-186, 203
XML 署名構文および処理（XMLDsig） 47, 114-115, 119-120, 183, 185-186

[Z]
Z39.87 42, 187
ZIP 77-78, 179

■訳者紹介

栗山　正光（くりやま　まさみつ）
常磐大学人間科学部准教授（司書課程担当）
1980年東京大学文学部卒業。筑波大学，図書館情報大学，琉球大学の各附属図書館勤務を経て，2002年より現職。主な関心領域はインターネット社会における学術情報の流通および保存。
主な発表論文：
「OAIS参照モデルと保存メタデータ」『情報の科学と技術』54巻9号（2004）
「デジタル資料保存リポジトリの動向」『カレントアウェアネス』no.284（2005）
「総論　学術情報リポジトリ」『情報の科学と技術』55巻10号（2005）
「フランスのオープン・アクセスと機関リポジトリ」『日仏図書館情報研究』32（2006）
「デジタルリポジトリにおけるメタデータ交換の動向」『カレントアウェアネス』no.300（2009）

視覚障害者その他活字のままではこの本を利用できない人のために、日本図書館協会及び著者に届け出る事を条件に音声訳（録音図書）及び拡大写本，電子図書（パソコンなど利用して読む図書）の製作を認めます。但し，営利を目的とする場合は除きます。

EYE LOVE EYE

PREMIS 保存メタデータのためのデータ辞書　第2.0版

2010年3月20日　初版第1刷発行©

定　価：本体2500円（税別）

編　者：PREMIS編集委員会
訳　者：栗山正光
発行者：㈳日本図書館協会
　　　　〒104-0033　東京都中央区新川1-11-14
　　　　Tel 03-3523-0811㈹　Fax 03-3523-0841
印刷所：㈲吉田製本工房　　Printed in Japan
JLA200933　ISBN978-4-8204-0923-6
本文用紙は中性紙を使用しています。